Red y Marketing Multi-Nivel Pro

¡La Mejor Guía de Redes/Mercadeo Multi-Nivel para Construir un Negocio Exitoso de MLM en los Medios Sociales con Facebook! ¡Aprende los Secretos que los Líderes Usan Hoy en Día!

Por Leonardo Gómez

Tabla de Contenido

No Tienen Suficiente Enfoque
No Tienen las Habilidades de Marketing Adecuadas
Carecen de Habilidades de Liderazgo
No Tenían Suficiente Preparación
Están Gastando Demasiado Tiempo en las Actividades Equivocadas
No Consiguieron un Buen Mentor
No Tenían Habilidades de Buena Gente
No Salieron de su Zona de Confort
Estaban Demasiado Preocupados por Ellos Mismos
Dejan que las Influencias Negativas les Afecten

Conclusión

Introducción

Felicitaciones por la compra de *Red y Marketing Multi-Nivel Pro: ¡La Mejor Guía de Redes/Mercadeo Multi-Nivel para Construir un Negocio Exitoso de MLM en los Medios Sociales con Facebook! ¡Aprende los Secretos que los Líderes Usan Hoy en Día!* y gracias por hacerlo.

En los siguientes capítulos se discutirá cómo y el mercadeo en red puede darle un giro a su vida si implementa las estrategias correctas. ¿Sueñas con conseguir la casa de tus sueños todos los días? Bueno, entonces aquí están las buenas noticias. Con el mercadeo en red, tu sueño se hará realidad antes de lo que pensabas. Con este libro, aprenderá todos los secretos del Marketing Multi-Nivel que utilizan los líderes.

Si está buscando una alternativa al antiguo patrón tradicional de crianza y trabajo, entonces este libro es justo lo que necesita. No hay necesidad de sacrificar las alegrías de este hermoso mundo para satisfacer las demandas de la vida corporativa. Aunque mucha gente aspira a ser dueña de un negocio, pero definitivamente te cobra un precio. Implica horas y horas de intenso estrés y los propietarios de pequeñas y medianas empresas obtienen muy bajos retornos de la inversión realizada. Por lo tanto, después de deducir los costos de personal, arrendamiento, inventario y operaciones, obtener beneficios se convierte en una gran lucha. La solución a todo esto es el mercadeo en red, ya que le permitirá ser dueño de su negocio de la manera que desee y al mismo tiempo, no tiene que hacerlo todo solo.

Hay muchos libros sobre este tema en el mercado, ¡gracias de nuevo por elegir este! Se ha hecho todo lo posible para asegurar que esté lleno de tanta información útil como sea posible, ¡por favor disfrútenlo!

Capítulo 1: Todo Sobre el Mercadeo en Red y el Mercadeo Multi-Nivel (MLM)

Si estás en el mundo de los negocios, entonces debes haberte encontrado con alguien u otro usando el término mercadeo en red o mercadeo multi-nivel (MLM). Este capítulo le dará una introducción al concepto de ambos términos y luego podemos proceder a los temas avanzados.

¿Cuál es la Diferencia entre el Mercadeo en Red y el MLM?

A menudo se piensa que los términos comercialización en red y MLM son los mismos, pero tienen algunas diferencias sutiles entre ellos. Se puede decir que son dos caras opuestas de la misma moneda y por lo tanto están bastante relacionados pero no son totalmente iguales.

Empecemos con el MLM o el marketing multi-nivel. Este es un tipo de marketing donde el modelo de negocio se basa en un programa de referencia donde se refiere a las personas. El programa en sí mismo también ha sido diseñado de tal manera que tiene varios niveles. Por lo tanto, para simplificarlo un poco, considere lo siguiente como un ejemplo. Si yo hubiera referido a alguien a un MLM en particular y esa persona, a su vez, hubiera referido a otra persona, entonces usted estaría recibiendo las comisiones de esa otra persona también con la ayuda de su referencia original.

Por otra parte, el mercadeo en red es un tipo de modelo de negocios que se basa en los distribuidores. La empresa pondrá en práctica estrategias para comercializar su producto a los diversos distribuidores de su nicho. Estos distribuidores son un cierto grupo de personas que, a su vez, están deseando crear su propio negocio y por lo tanto comercializarán los productos de la empresa a su manera. Por ejemplo, supongamos que una empresa está vendiendo ropa pero en lugar de elaborar una política de comercialización para el público en general, esta empresa está comercializando sus productos a los distribuidores. La empresa preparará entonces un discurso de marketing para estos distribuidores.

Una de las mejores cosas de esto es que no importa lo que el distribuidor haga con el producto. La empresa ya está haciendo una venta inicial cuando vende su producto al distribuidor y el producto está fuera de sus manos.

¿Debería Comenzar el Mercadeo en Red o Construir mi Propio Negocio Desde Cero?

Si está pensando en si debe iniciar su propio negocio o si simplemente debe invertir su tiempo en la comercialización de la red, entonces déjeme decirle esto. Con el mercadeo en red, no tienes que tomar las molestias de comercializar el producto. Sólo tienes que hacer un excelente discurso de venta para que puedas mostrar la perspectiva de tu producto a los distribuidores. Ahora, siempre te sugiero que empieces con el mercadeo en red y también puedo darte algunas razones sólidas para hacerlo.

- En primer lugar, debes pensar por qué deberías empezar con el marketing de red. Bueno, para empezar, no tienes que quedarte atascado en un escenario de trabajo de 9 a 5. Por lo tanto, puedes ejercer mucha libertad que cualquier trabajo ordinario no podrá proporcionarte. Después de que hayas completado los pasos iniciales, serás capaz de llevar a cabo tus campañas de marketing y literalmente dirigir tu propio negocio desde tu casa. Por lo tanto, podrás pasar mucho tiempo con tu familia. Por otra parte, otra gran cosa es que no hay límite de ingresos. Si eres bueno en lo que haces, puedes ganar la cantidad que quieras.

- No tendrás que preocuparte por ningún empleado y por lo tanto, no hay problemas de contratar o despedir a nadie. Y por supuesto, no tienes que responder ante nadie. En resumen, serás tu propio jefe. Pero sí, tendrás que mantener buenas relaciones con los distribuidores y los agentes, pero todo eso no implica que pagues ningún salario a nadie y esto en sí mismo te alivia de tantas responsabilidades.

- Hay una cantidad inmejorable de seguridad en el mercadeo en red una vez que finalmente lo has establecido adecuadamente. Por lo tanto, no hay que preocuparse más por quedar desempleado o ser despedido por alguien.

- Si por alguna razón, usted no es capaz de permanecer en el reloj, usted no tiene que preocuparse por la generación de ingresos, ya que eso se hará por sí mismo. Si ayudas a otros a montar su negocio, siempre tendrás tus ingresos residuales.

Pero siempre tienes que asegurarte de que estás en un sistema legítimo y no en un esquema piramidal sin valor.

¿Qué Beneficios Obtengo de las Compañías de Mercadeo en Red?

En el mundo actual, los empresarios que se ocupan de la comercialización en red son los que más rápido crecen. Hay tantos beneficios que se pueden disfrutar con un modelo de mercadeo en red y aquí están algunos de ellos explicados en detalle.

No Más Costos de Inicio Altísimos

Anteriormente, cuando la gente pensaba en comenzar su propia empresa, tenía que pensar dos veces en los costos y en cómo van a financiarla. Pero ahora, con la llegada del mercadeo en red, no tienes que preocuparte por el factor de inversión ya que casi no hay inversión involucrada. Además, la pequeña cantidad de inversión que usted hará en esta empresa será mucho menor que su potencial de ganancias. Por lo tanto, si piensa con claridad, verá que sus ganancias pagarán mucho más que cualquier otro tipo de negocio. Todo lo que necesitarás, por ejemplo, material de marketing, rastreadores de ventas, entrenamiento corporativo, etc., ya está en su lugar con los sistemas operativos de hoy en día.

Apalancamiento

La comercialización en red implica un alto grado de influencia y promueve que trabajes de manera más inteligente para que no tengas que esforzarte mucho y, sin embargo, ganes menos. Un día está hecho de sólo 24 horas y en esa cantidad fija de tiempo, tienes que hacer todo. También tienes que pasar tiempo con tu familia y seguir tus hobbies. Si tienes un trabajo regular, entonces recibirás un salario fijo por, digamos, 8 horas al día. Pero en algunos casos, los empleados reciben un pago basado en el número de productos que han vendido. Así que lo que quiero decir es que siempre hay un límite a la cantidad que puedes ganar y con el mercadeo en red, puedes romper ese límite. Ganarás dinero mientras duermes, viajas o haces lo que quieras. Todo lo que tienes que hacer es ir aumentando lentamente el número de distribuidores en tu círculo.

Un Gran Potencial de Ingresos Residuales Pasivos

Siempre es mejor tener un plan de respaldo para los días de lluvia de tu vida. Si tu único respaldo son tus ahorros, entonces se agotarán un día u otro. Pero con el mercadeo en red, puedes allanar el camino para un alcance cada vez mayor de ingresos residuales pasivos. Y para hacer esto, necesitarás dominar el apalancamiento como ya se mencionó en el punto anterior.

Increíbles Beneficios Fiscales

Esta es una de las ventajas del mercadeo en red que la gente suele perderse. Comenzar una compañía de mercadeo en red significa que lo haces desde tu casa. Por lo tanto, antes de calcular la cantidad de impuestos que tienes que pagar, puedes deducir tus gastos. Si no eres consciente de esto, entonces la mejor solución sería consultar a un especialista en impuestos cerca de ti. Él/ella puede guiarte sobre qué cosas puedes deducir. Una cosa que debes aclarar es que tu impuesto siempre se calculará sobre los ingresos netos que tienes después de que todos los gastos se hayan deducido de él.

Libertad para Planear su Propio Día

Cuando estás en un trabajo regular, estás atrapado en tu cubículo por el tiempo que tu empleador quiera. No puedes ir y venir como te plazca. Tu tiempo ya no es tuyo porque tu empleador te paga un salario por la hora del día que le das a su empresa. Pero en el mercadeo en red, tú serás el amo de tu tiempo. Incluso puedes elegir con quién quieres trabajar. Puedes ir a donde quieras y hacer lo que quieras con tu tiempo y aún así obtener un ingreso sostenible.

Un gran alcance para el desarrollo personal

Si eres un empleado en el mundo corporativo, recibirás sólo esa cantidad de entrenamiento que te hará capaz de hacer sólo ese trabajo. Pero serás encarcelado dentro de las paredes del mundo corporativo. Pero en el caso del mercadeo en red, hay muchas cosas que aprenderás a medida que crezcas y esto te llevará a un gran desarrollo personal. ¿Por qué trabajar durante tantas horas sólo para hacer realidad el sueño de otra persona cuando puedes pasar tiempo con tu familia y construir tu propio imperio?

Así que estos fueron algunos de los beneficios de la comercialización en red. Por lo tanto, si usted está pensando en comenzar su propio negocio de mercadeo en red, entonces no necesita preocuparse en absoluto porque este libro le guiará paso a paso hacia su objetivo.

Capítulo 2: Domina tu Mente por Encima de Todo lo Demás

No hay que olvidar que la comercialización en red, por encima de todo, es un negocio y por lo tanto hay que crear una mentalidad en la que se trata como un negocio. Si quieres ser un verdadero líder desde el primer día, aquí hay cosas que necesitas para construir la mentalidad adecuada.

Imagina el Objetivo Final de su Sueño

Para obtener el éxito de su esfuerzo de mercadeo en red, es necesario tener los objetivos correctos y también hay que visualizarlo cada día. Hay una razón científica detrás de esto. Cuando visualizas lo que quieres en la vida, tu cerebro se conectará de tal manera que empezará a identificar los recursos que necesitas para lograr ese objetivo final. Además, estarás creando una motivación interna que será la fuerza impulsora para ti. Cuando piensas en el largo plazo, imaginar tus objetivos también te ayudará a mantenerte en el camino promoviendo el pensamiento positivo.

Para asegurar una visión eficiente de la meta final de tus sueños, primero necesitas aprender cómo puedes evaluar tu situación actual perfectamente. Primero tienes que averiguar dónde se encuentran tus niveles de satisfacción y luego puedes decidir qué es exactamente lo que quieres de tu vida. El siguiente paso es pensar en los sueños que tienes y las metas que quieres cumplir. Para ello, debes sentarte en un lugar tranquilo y asegurarte de que no te interrumpan. Puedes hacer esto como lo primero en que te despiertas por la mañana porque tendrás más claridad y paz mental o también puedes hacerlo en algún otro momento del día cuando pienses que las posibilidades de interrupción son bajas.

Debes recordar que tus objetivos deben ser realistas. No te pongas metas tan altas que sea casi imposible que alguien las alcance. Además, también debes ponerle un plazo a tus metas ya que esto evitará que te vuelvas letárgico. También tienes que hacer tus objetivos específicos. Algunas personas se fijan metas pero son demasiado vagas. No puedes decir simplemente que quieres tener éxito en los próximos 5 años. Necesitas definir lo que ese éxito significa para ti. Puede ser algo como: "Llevaré mi negocio al siguiente nivel y obtendré un 10% más de beneficios en los próximos 2 años". Este es un ejemplo de un objetivo específico y esto evitará que te salgas del camino.

Pasa 10 Minutos al Día Soñando con tu Objetivo Final

¿Sabías que soñar despierto con tus metas finales puede hacerte exitoso? Cuando se practica de la manera correcta, soñar despierto puede terminar siendo la clave para liberar tu potencial. Cuando sueñas con tu objetivo, pones tus pensamientos en perspectiva y esto puede abrirte nuevas puertas que antes creías que no existían. Esto también puede mejorar tus habilidades para resolver problemas.

Cuando imaginas tu objetivo en tu cabeza cada día, llegas a ver varias situaciones y ves lo mismo desde diferentes perspectivas. Esto te dará una idea de tu comportamiento en varias situaciones que podrían ocurrir en la vida real. Pero lo más importante es que soñar con tu objetivo aunque sea durante 10 minutos al día puede hacerte feliz y te sentirás motivado para trabajar aún más duro. Cuando estás empezando con el mercadeo en red y eres escéptico sobre su éxito, soñar con tu meta te ayudará a mantenerte enfocado en lo que quieres en la vida.

Por lo tanto, averiguar tus metas no es el único paso. También necesitas soñar con tus metas porque sólo entonces estarás inspirado para dar un esfuerzo cuantificable para hacer esos sueños realidad.

Enumera 3 Cosas que Quieres Lograr y Lograrlas

Tienes que vigilar el progreso que haces con tus acciones diarias. ¿Te están haciendo algún bien? Bueno, para asegurarte de que disfrutas de los frutos de tus acciones, puedes empezar a cultivar una práctica. Ya hemos discutido en los puntos anteriores cómo el establecimiento de objetivos es tan importante y también lo es el soñar. Pero si te enfrentas a un problema al establecer objetivos a largo plazo o si no te sientes motivado para cumplir lo que estás pensando, entonces empieza con objetivos más pequeños.

Haga una lista de los pequeños objetivos que deben ser alcanzados primero para que usted pueda alcanzar su objetivo final. Puedes empezar por enumerar tres objetivos a la vez y luego fijar un lapso de tiempo para ellos. Por ejemplo, haz una lista de 3 objetivos que quieras alcanzar este mes y luego diseña las estrategias y los pasos que necesitas seguir para alcanzarlos. Necesitas estar determinado a lograr esos objetivos porque en el momento en que lo hagas, adquirirás un nivel de confianza diferente. Tendrás la sensación dentro de ti mismo de que sí, puedes hacerlo. Y este sentimiento de confianza es muy esencial si quieres lograr cosas más grandes en la vida.

Estas pequeñas metas actuarán como el mapa de ruta hacia su éxito y al establecer estas pequeñas metas y lograrlas una por una, estará dando pequeños pasos hacia la meta de sus sueños. Además, no estarás dando vueltas en círculos. Seguirás un camino definido sin quedarte estancado en una posición durante mucho tiempo. Cuantos más objetivos alcances, más comprometido e inspirado te sentirás para seguir en el camino. La emoción de los logros te motivará e impulsará a avanzar y no a mirar atrás.

Dese una Charla de Ánimo

Cada vez que alguien dice algo motivador, está obligado a elevar sus niveles de autoestima. Esto te dará confianza en cualquier cosa que planees hacer. ¿Pero qué pasa si no tienes a nadie delante de ti que pueda darte esa charla de ánimo? O tal vez sólo tú sepas lo que quieres oír, lo cual elevará tu nivel de confianza. Entonces la solución es muy simple. Tienes que tomar el asunto en tus propias manos y darte una charla de ánimo. Así que, discutamos cómo puedes hacerlo.

¿Hiciste ese ejercicio en tu escuela donde tenías que reformular la misma frase más positivamente? Estoy seguro de que lo hiciste, pero incluso si no lo hiciste, esto es algo similar a lo que vas a hacer aquí. Necesitas enfocarte estrictamente en mantener el lenguaje positivo. Por ejemplo, si te dices a ti mismo "No lo pospongas", entonces hay una vibración negativa en ello. Entonces, lo que puedes decir es: "Completarás todas tus tareas ahora para tener mucho tiempo en tu mano más tarde". Esto suena mucho más positivo, ¿verdad?

Hablar en tercera persona o referirse a sí mismo por su nombre o "usted" a menudo le beneficiará más. Además, no requiere mucha fuerza de cerebro y no es agotador. Respire profundamente antes de darse una charla de ánimo porque esto le calmará y podrá pensar con más claridad. Ahora, no necesita confundirse demasiado sobre lo que va a decir. Todo lo que necesitas decir son esas palabras que quieres que alguien más te diga si son las que te dan un impulso motivacional. O, puedes pensar en ello de otra manera también. Si tu amigo estuviera en tu lugar, ¿qué palabras de ánimo le habrías dado? Díte esas mismas palabras a ti mismo.

Hazte Responsable

La responsabilidad es algo que realmente necesitas dominar ya que es uno de los activos más valiosos que tienes. Si te concentras en crecer tanto profesional como personalmente, hacerte responsable es algo que te llevará lejos. Normalmente la gente piensa en la responsabilidad como un concepto en el que eres responsable ante otra persona por tus acciones. Pero hoy no vamos a discutir nada de eso. En su lugar, aprenderás por qué debes rendir cuentas y no por alguien más que tú.

Piénsenlo de esta manera. ¿Por qué alguien más debe ser responsable de tu éxito y fracaso cuando todo se trata de ti? No debería ser el trabajo de nadie más asegurarse de que estás haciendo todo bien, ¿verdad? Si no te haces responsable de las cosas que haces en la vida, nunca podrás alcanzar tus objetivos o crear la mentalidad necesaria para la comercialización en red. Es posible que tenga las mejores y más singulares ideas sobre la creación de su empresa, pero ¿tendría una empresa si no pone sus ideas en práctica? No, ¿verdad? Por lo tanto, es de suma importancia que se haga responsable porque eso lo mantendrá esforzándose por alcanzar su objetivo.

Notará que en el momento en que se haga responsable, estará haciendo un progreso constante. Una de las cosas más importantes de la práctica de la responsabilidad es que tienes que fijar plazos para todo y luego asegurarte de que los cumplas. Establecer un calendario es de suma importancia, ya que sabrás que tienes un plan de juego establecido que sólo tienes que seguir. También tienes que dejar de auto-sabotearte y practicar la responsabilidad positiva. Hacerse responsable no significa que tengas que socavar tus acciones.

Presta Atención a tus Pensamientos

Si quieres entenderte de verdad, tienes que empezar a prestar atención a tus pensamientos. Lo que ves a tu alrededor o lo que sucede en tu vida es un resultado directo de tus pensamientos, por lo que es importante que sepas qué tipo de pensamientos tienes. Tus pensamientos pueden nublar tu juicio y también pueden ayudarte a pensar con claridad. Son el verdadero indicador de tus creencias. También necesitas comprobar si tienes pensamientos negativos. Los pensamientos positivos te ayudarán en tu progreso mientras que los negativos sólo te atarán.

Pero si detectas algún pensamiento negativo, nunca debes castigarte por ello. Cuanto más duro seas contigo mismo, más prosperarán tus pensamientos negativos. Lo que tienes que hacer es que cuando encuentres un pensamiento negativo en tu mente, lo escribas en tu diario y luego intentes rastrear la raíz de ese pensamiento. Una vez que encuentres la razón que llevó a ese pensamiento negativo, todo lo que necesitas hacer es reemplazarlo con un pensamiento positivo. Necesitas entender que los pensamientos positivos son muy poderosos y que un solo pensamiento en la dirección positiva puede hacer caer los pensamientos negativos de 10 veces su magnitud.

Cuando quitas los pensamientos negativos, evitas que den forma a tu realidad. En cambio, estás promoviendo pensamientos positivos y así es como será tu realidad. Necesitas visualizar esos pensamientos positivos porque eso los hará sentir más reales y vívidos, como si estuvieran dentro de tus ojos. Esto aumentará las posibilidades de que se hagan realidad y también te mantendrá motivado para trabajar hacia un objetivo final positivo.

Construir un Equipo Inspirador de Personas

Si alguna vez has trabajado como parte de un equipo altamente inspirado y motivado, entonces sabrás de lo que estoy hablando. El ritmo de los miembros de tu equipo también se convierte en tu ritmo, así que tienes que elegir a gente con mucha energía. Por supuesto, si estás empezando, puedes hacer todo por ti mismo. En ese caso, necesitas rodearte de gente fuera de tu trabajo que te siga inspirando y empujando en una dirección positiva. Necesitas gente en tu vida que pueda darte la charla de ánimo que tanto necesitas.

Pero si quieres crecer más y decir que construyas un negocio de seis o siete cifras, entonces tendrás que reclutar a algunas personas. Asegúrate de no reclutar gente al azar en tu negocio. La gente que reclute debe estar realmente motivada para trabajar en su empresa. Necesitas convertirte en un líder positivo si quieres tener un equipo positivo. Identifique los obstáculos y vea si hay algún aspecto que pueda causar insatisfacción entre los miembros de su equipo. Intenta eliminar estos obstáculos de la mejor manera posible. Cree un ambiente de trabajo saludable.

El uso de una carta de equipo también mantendrá a todos motivados. La carta establecerá cuál es el papel de cada persona de su equipo. Debes esforzarte por crear un ambiente sin prejuicios. Aquellos que trabajan con ustedes no deben dudar en expresar sus opiniones. Si quieres crear confianza, entonces crear relaciones transparentes es el primer paso. Todo esto contribuirá a formar un equipo inspirador de personas.

Mantén la Curiosidad

Todo el mundo ha oído decir que la curiosidad mató al gato. ¿Pero es verdad? Bueno, depende de la situación y en el mercadeo en red, hay que ser un poco curioso si se quiere ir por delante de los demás en el juego. Cuanto más curioso seas, más sentirán tus oyentes que estás realmente interesado. El mercadeo en red se basa en la construcción de relaciones y por lo tanto, ser curioso te beneficiará de varias maneras.

¿Estás buscando el mercado objetivo potencial para tus productos o distribuidores confiables? ¿O está investigando qué técnicas están usando otros líderes para hacer que su negocio tenga éxito? No importa lo que estés haciendo, hay algunas preguntas básicas que debes hacer. Estas preguntas deben girar en torno a los intereses, objetivos, motivación y los valores fundamentales de la persona que está delante de usted. No hay un final para las preguntas que puedes hacer y estas son sólo algunas cosas para empezar.

En el momento en que empieces a implementar la curiosidad como parte de tu cultura de negocios, empezarás a obtener resultados sorprendentes. Cuando tienes curiosidad, estás literalmente a la caza de nuevas y mejores respuestas con las mismas preguntas mundanas. Esto puede llevarte a encontrar algunas ideas innovadoras. Esto puede abrirte nuevas puertas que nunca pensaste que lo harían. Por lo tanto, impulsar tu negocio al siguiente paso será mucho más fácil. El pensamiento fuera de la caja sólo es posible cuando tienes curiosidad y con una cantidad tan inmensa de competencia en el mercado, si quieres permanecer en el juego, necesitas hacer algo que nadie más está haciendo.

También necesitas pensar en algunas preguntas poderosas porque pueden desenterrar algunas ideas increíbles. ¿Y sabes cuál es la mejor parte? Hacer preguntas es completamente gratuito. Cuando tienes curiosidad, muestra lo apasionado que eres por lo que haces. Esto se refleja en todo lo que haces y tanto tus clientes y distribuidores como los miembros de tu equipo podrán verlo. Así, la curiosidad te hará un verdadero empresario.

Capítulo 3: Elegir la Compañía Adecuada para Usted

Ya hay miles de compañías de mercadeo en red en el mercado y con cada momento que pasa, varias otras están apareciendo. Pero si usted quiere tener éxito en su empresa, la elección de la empresa de marketing de red correcta es crucial. En el pasado, cuando Internet no estaba tan desarrollada y la gente no tenía acceso a tantos conocimientos a nivel personal, solían ser los amigos, los parientes o algún compañero de trabajo los que presentaban a la gente alguna empresa de mercadeo en red. Pero en la mayoría de los casos, esas empresas no resultaron ser buenas y condujeron al éxito moderno o, en el peor de los casos, al fracaso. Pero hoy en día, puedes hacer tu propia investigación para asegurarte de que no terminaras con la compañía equivocada. Aquí hay algunos pasos que puedes seguir para elegir la empresa adecuada para ti.

Elija su Nicho y Descubra Empresas

Uno de los primeros pasos para elegir la empresa de marketing de red correcta es encontrar tu nicho. Esto puede parecer fácil, pero puede ser muy confuso, así que aquí hay un proceso paso a paso que puedes seguir para elegir tu nicho.

- **Evalúa tus habilidades y fortalezas** – Todo el mundo es bueno en algo y tiene una pasión particular. Esta es la primera pieza de su rompecabezas. Necesitas revisar qué habilidades tienes. Para ello, primero puedes pensar en los trabajos que has hecho en el pasado, si es que los tienes. Esto te ayudará a escribir las habilidades que has adquirido en tu carrera. Si no has hecho un trabajo en el pasado, entonces piensa en tu pasión y en las habilidades que ya tienes. Escriba todo esto y notará algunos puntos en común. Esto te ayudará a reducir tu búsqueda. No consideres un nicho sólo porque te guste. Debes amarlo lo suficiente para tener una pasión genuina por él y mantenerte por lo menos 5 años en el mismo nicho.

- **Investigación sobre el mercado para su nicho** – No todos los nichos tienen un mercado rentable. Por lo tanto, cuando se decide por un nicho, hay que asegurarse de que hay una demanda para ese producto o servicio en particular. Para ello, puede implementar el método de búsqueda de palabras clave. Utilice algunas palabras clave relevantes en su nicho y comience a buscar en Google. Poco a poco, puede reducir los resultados por nivel de competencia, volumen de búsqueda mensual y otros parámetros. En el caso del volumen de búsqueda, debe permanecer en el rango de 1.000 a 10.000 por mes. Cualquier cosa menos de 1.000 sugeriría que el nicho probablemente no tiene tanto mercado.

- **Comprobar la competencia** – Como ya se ha mencionado anteriormente, la investigación de palabras clave juega un papel muy importante a la hora de elegir tu nicho, pero averiguar sobre la competencia es igualmente importante. Selecciona algunas palabras clave y luego busca en Google. Debes comprobar los resultados de la primera página de Google y qué sitios web están clasificados allí. Encontrarás muchos sitios conocidos allí. Lo que necesitas ver es si ese nicho está sobresaturado o no. Si ya está repleto de otros buenos sitios, siempre es aconsejable encontrar algún otro nicho. También puede haber otro escenario. Es posible que no encuentre ningún sitio web que se clasifique según las palabras clave que haya utilizado. Sí, usted podría estar pensando que esta es una gran oportunidad para usted pero debe tener en cuenta que esto también podría significar que otros que se han aventurado en este nicho antes que usted ya han descubierto que el nicho no tiene ningún potencial. El mejor escenario es cuando encuentras un puñado de sitios en el nicho pero ninguno de ellos es grande. Esa es tu señal para tomar el nicho ya que la competencia no será difícil.

Una vez que haya seleccionado su nicho, ahora es el momento de mirar las empresas que están presentes en este nicho.

Considere la Estabilidad y la Longevidad de la Compañia

Sí, en efecto, son sus esfuerzos los que pueden traerle el éxito, pero al final del día, cuando ha invertido varias cabezas y ha construido un grupo enorme, es sensato trabajar con una empresa que estará presente incluso después de haber logrado todo eso. Lo primero que hay que considerar sobre la compañía que estás planeando elegir es su estabilidad financiera. Para ello, debes elegir una compañía que haya estado presente por lo menos 5 años. Esto asegurará que todos los esfuerzos que has puesto en la construcción del grupo no se desperdicien. En los últimos dos años, ha habido muchas compañías de mercadeo en red que han ido y venido.

Cuanto más se ha mantenido la compañía en el mercado, más experiencia tienen. Si la compañía se ha mantenido durante 5 años, entonces puedes estar seguro de que está aquí para quedarse. La mayoría de las empresas que salen del mercado lo hacen dentro de los primeros 5 años de haber iniciado el negocio. Ahora, definitivamente no querrás encontrarte con que eres parte de una compañía que no tiene la estabilidad, ¿verdad?

Conozca el Plan de Compensación

El plan de compensación es uno de esos factores de una empresa de comercialización en red que diferirá de una empresa a otra. Es necesario comprobar cuál es el plan de compensación de esta empresa porque si vas a trabajar con ellos, también tienes que estar cómodo con la compensación que te están prometiendo. Este factor también es importante desde el punto de vista de que es lo único que determinará la rapidez con la que usted va a ganar dinero a través del MLM o la comercialización en red. Por lo tanto, aquí hay algunos puntos que he anotado especialmente para usted para que pueda evaluar los planes de compensación de manera más eficiente.

- **Ten cuidado con las empresas que tiran el volumen de ventas** – Hay algunas empresas que hacen esto. Al principio, no tendrás ningún volumen de ventas, así que puedes sentir que esto no te afectará. Pero más tarde, si no logras alcanzar el siguiente umbral de volumen de ventas, entonces tendrás que empezar de nuevo desde cero. ¡Qué frustrante es eso! Puede que incluso caigas en la tentación de pedir un producto extra porque sabes que si no lo haces, no podrás alcanzar el umbral. Esto no te traerá ningún dinero significativo. Por lo tanto, siempre elige una compañía que no tire los puntos. De hecho, su próximo período de pago simplemente continuará con el exceso de volumen.

- **Evite las empresas que limitan el volumen de ventas por profundidad** – Cuando usted es un principiante, las personas de nivel 1 son las que usted introduce por primera vez. Luego viene el nivel 2, es decir, los que las personas de nivel 1 introducen a su vez. Pero cuando una empresa ha alcanzado un cierto punto en su curva de crecimiento, tendrá decenas y miles de niveles. Pero en varios planes de compensación, se puede notar que la acumulación del volumen de ventas se limita a, digamos, sólo 5 niveles de profundidad. Tenga en cuenta que 5 niveles son bastante básicos. Ahora, usted podría estar discutiendo el hecho de que 5 niveles son mucho para usted pero necesita recordarse a sí mismo que después de un cierto período de tiempo, esa misma profundidad de 5 niveles no será nada. A largo plazo, no se le pagará nada por los niveles más profundos que 5 y esto es una gran pérdida.

- **El plan debe ser fácil de entender** – No vayas por ningún plan de compensación que sea tan complejo que te resulte casi imposible averiguar cómo se está calculando la compensación. Siempre que un plan sea complejo, vendrá con muchas reglas y la mayoría de ellas favorecerán a la compañía y no al asociado. Además, no le será fácil averiguar si está recibiendo la cantidad correcta de compensación o no. Además, imagínese tratando de explicar el mismo plan de compensación a los demás. Usted no sería capaz de hacerlo a menos que lo entienda usted mismo y por lo tanto no tendrá muchas personas que se unan a su red también.

- **Compruebe la frecuencia** – Encontrará muchos planes que tienen un ciclo de pago mensual. Pero cuando optas por mejores planes, puedes incluso aprovechar la oportunidad de que te paguen semanalmente y en algunos casos, diariamente también.

Presta Atención al Equipo Específico al que te Unes

Cuando decides unirte a una compañía de marketing de red específica, obviamente necesitas tener algún conocimiento sobre su equipo. ¿Quiénes son estas personas? ¿Sus puntos de vista están en línea con los tuyos? ¿Cuánta experiencia tienen? Saber todo esto es de suma importancia. Debes esforzarte por ser diferente y no cualquier otro reclutador al azar. Sé un líder. Y para eso, no puedes simplemente leer el folleto y escuchar el discurso de venta y pensar, ¡oh! Estoy acabado porque no, no lo estás. Tienes que esforzarte y levantarte del sofá para hacer un trabajo de verdad. Asiste a los eventos que se llevan a cabo en esta compañía y comenzarás a reunir alguna imagen sobre sus líderes.

No te pongas nervioso sólo porque alguien te haya dado un increíble discurso de venta. Necesitas hacer tus propios deberes si quieres subir la escalera del éxito. No importa cuánto tiempo te lleve hacer la investigación inicial, tómate tu tiempo porque esta investigación será tu base y no puedes permitirte equivocarte.

Determinar Si el Negocio Encaja con sus Objetivos

Si vas a trabajar con la compañía, entonces tus ideales deben estar en línea con la visión de la compañía. Todos tienen algunos objetivos en sus mentes cuando empiezan y tú también los tendrás. Determina cuáles son esos objetivos y escríbelos. Luego vea si esta compañía está cumpliendo sus objetivos o no. Si simplemente entras en una empresa por capricho y luego descubres que la empresa no está cumpliendo con tus expectativas, entonces terminarás perdiendo el tiempo y también estarás insatisfecho. Cuanto más alineados estén tus objetivos con la empresa, más familiar te sentirás con todo el ambiente.

En términos más sencillos, si los objetivos de la organización y sus objetivos personales no están alineados, usted estará en una gran desventaja. Te sentirás perdido y es muy fácil para ti desentenderte cuando tus objetivos no se cumplen. No te sentirás conectado con el resto del equipo y todo parecerá un desastre. Por lo tanto, es importante para ti determinar este punto desde el principio.

Haciendo la Elección Final de la Compañía que Elija

Así que, ahora que has pasado por todos los pasos, es hora de que finalmente tomes la decisión. Ahora, aquí hay una palabra de advertencia para ti. Algunas personas no terminan tomando una decisión por mucho tiempo no porque sigan investigando, sino porque lo están postergando. No deberías hacer algo así. La postergación en este caso suele ser el resultado del miedo a lo desconocido, pero si has seguido todos los pasos anteriores con cuidado, no tienes que temer nada. Además, si no tomas riesgos en la vida, nunca serás capaz de lograr nada grande. No dejes que el miedo se infiltre en tu mente sólo porque te hayas dejado influenciar por la opinión de los demás.

Uno de los puntos clave que debe tener en cuenta es que sólo puede tener éxito en su empresa de mercadeo en red si se apasiona por ella. No puedes sobresalir en nada de lo que estás haciendo con fuerza. Usted se enfrentará a diferentes tipos de empresas de marketing de redes en el mercado, pero es primordial que vaya con la que le entusiasme y que sepa que le apasionará trabajar con ella. Mientras estás haciendo la investigación, también debes tratar de anotar cualquiera de los puntos clave que te gustan de cierta compañía. También debes anotar los puntos malos o los aspectos desafiantes. Esto te facilitará la tarea de reducir las opciones que tienes a mano.

Otra cosa importante que tienes que tener en cuenta es la fuente de la cual estás tomando toda esta información. Tu fuente debe ser creíble. Con demasiada frecuencia la gente depende de las opiniones de aquellos que tienen cero conocimiento en esta industria. Sí, algunas personas son bastante dogmáticas en esta industria, aunque no tienen ningún conocimiento sobre ella. Por lo tanto, siempre es aconsejable que busques a alguien que ya se haya establecido en este campo, ya que puede ser un gran mentor para ti. Así que, cuando busques la información, piénsatelo dos veces y pregúntate si la fuente es lo suficientemente fiable. ¿Es la fuente emprendedora? ¿Son financieramente estables o todavía están luchando por sí mismos?

Tal vez estés pensando por qué tomar toda la molestia de acercarse a alguien cuando simplemente puedo usar Internet. Bueno, aquí está la cosa – en Internet, literalmente cualquiera puede publicar cualquier cosa y no sabrías cuán creíble es esa fuente. Así que, incluso si estás usando Internet para investigar y te encuentras con información escéptica, asegúrate de comprobarla desde otro lugar. Si dejas a un lado todas las tonterías de Internet, también puede proporcionarte información muy valiosa, y eso también de forma gratuita. Pero al final del día, necesitas estar 100% seguro de que tu decisión final no está influenciada por alguien no calificado.

Si todavía se encuentra en el dilema de si debe tomar la decisión final o no sólo porque teme que pueda fracasar, entonces sepa esto: el camino de cada uno en el mercadeo en red es diferente. Sólo porque alguien que conoces haya fracasado en su viaje no significa que tú también lo harás. Algunas personas se unen a la comercialización en red con algún conocimiento previo sobre la misma y, por lo tanto, alcanzan el éxito mucho antes que otros. Pero ese no tiene que ser necesariamente usted. Incluso si has entrado en este mundo con poca o ninguna habilidad, tendrás éxito si sigues intentando e implementando las estrategias correctas y todo eso comienza con la elección de la compañía correcta.

Así que, estoy seguro de que a estas alturas ya tienes algunas empresas elegibles en tu lista. Hay una última cosa que tienes que hacer y es que tienes que comprobar en línea si estas empresas tienen alguna queja registrada contra su nombre. En caso de que descubra que una de las empresas de su lista tiene una queja, elimine ese nombre porque ¿por qué arriesgarse cuando tiene tantas otras empresas entre las que elegir? Entonces, comience su investigación hoy y dé el primer paso eligiendo la compañía de mercadeo en red con la que quiere trabajar.

Capítulo 4: Compromiso con el Crecimiento

El compromiso es una clave importante para alcanzar el objetivo final en la comercialización en red. Si te das por vencido cuando las cosas se ponen difíciles, entonces no vas a durar mucho. Tienes que mantener la fe en tus habilidades y no terminar siendo perezoso a mitad de camino. Si te mantienes enfocado y comprometido, el éxito definitivamente vendrá a ti. Si eres un nuevo vendedor, entonces es muy fácil abrumarse por la gran cantidad de información que se te está lanzando al mismo tiempo. Y entre todo eso, podrías incluso pensar en rendirte. Pero es por eso que he creado este capítulo para todos los comerciantes, para que puedan aprender cómo el compromiso juega un papel clave en el crecimiento y cómo pueden dominarlo.

Aprende a Ver lo Bueno de las Cosas

Tómese un tiempo en su agenda diaria y piense en todos los pensamientos que le rondan por la cabeza. ¿Tienes pensamientos que te hacen sentir negativo? ¿Sigues pensando que "no soy lo suficientemente bueno"? ¿Siguen estos pensamientos negativos jugando en un bucle? Bueno, si la respuesta a estas preguntas es sí, entonces es hora de que aprendas a ver lo bueno de las cosas. Si no lo haces, entonces estos pensamientos irán destruyendo poco a poco tu creencia en tu propio ser y en tus habilidades.

Podrías tratar estos pensamientos negativos como un evangelio en tu mente. En tu mente, podrías estar pensando que es realista para ti saber lo que puedes y lo que no puedes hacer. Pero, ¿se ha preguntado alguna vez cómo llegó a conocer estos llamados hechos en primer lugar? La respuesta es probablemente que te has dicho exactamente las mismas cosas y ahora las tratas como si fueran la verdad. Entonces, ¿cómo puedes estar tan seguro de que estas cosas negativas son de hecho verdad? Hay un término para estos pensamientos y se llaman creencias autolimitadas. Estas creencias están presentes en todo el mundo de una forma u otra y su presencia es lo que te mantiene restringido y no eres capaz de alcanzar tus objetivos.

Necesitas aprender cómo puedes ver lo bueno en las cosas, en términos más simples, necesitas ser optimista. También necesitas entender el hecho de que no te convertirás en un maestro del mercadeo en red en una noche. Requerirá tiempo y práctica. Al principio, habrá luchas como en cualquier otro viaje, pero tienes que permanecer en tu camino. Si te enfrentas al fracaso, acéptalo y aprende de tus errores. Trata cada fracaso como tu oportunidad de aprender y no seas demasiado duro contigo mismo porque estás dando lo mejor que puedes.

Comprometerse a Trabajar Duro para el Éxito

Todos quieren seguir comprometidos con el mercadeo en red y todos piensan que ya han comprometido cada onza de su energía en ello, pero ¿alguna vez te has preguntado – "¿Qué tan comprometido estoy?" Lamentablemente, la mayoría de la gente sólo sabe que está comprometida, pero en realidad, no lo está. No están listos para sudar la gota gorda para lograr el éxito en el mercadeo en red. La mayoría de la gente ni siquiera aprende lo básico correctamente y eso es lo que los mete en problemas. Pero tienes que ser apasionado sobre esto si realmente quieres mantenerte comprometido.

No puedo enfatizar lo suficiente sobre la importancia de establecer un objetivo final y cumplirlo. Pero ten en cuenta que tus objetivos para llegar a este objetivo final tienen que ser realistas. Para asegurarte de que sigues comprometido con tu objetivo, necesitas comprobar regularmente cuánto has progresado. Una vez que veas el progreso, haz nuevos objetivos si la situación lo requiere. Ahora que tienes metas claras, también necesitas hacer el mejor uso de tus fortalezas y habilidades. Si realmente quieres alcanzar el éxito y obtener mejores resultados, entonces necesitas comenzar a aplicar tus habilidades en tus escenas de trabajo diarias.

También tienes que ser honesto contigo mismo. Evalúese cuidadosamente y averigüe cuáles son las regiones en las que está luchando con sus habilidades de mercadeo en red. La autorreflexión y luego la mejora gradual son las dos cosas que debe mantener constantemente en su vida cotidiana. Recuerde que una mente inquisitiva es lo que ayuda a la gente a avanzar, así que si tiene alguna pregunta, no dude en hacerla. Pero necesitas preguntarle a la gente que está establecida en el campo del mercadeo en red. Hacer todo esto no significa que no vayas a cometer errores. Se encontrará con obstáculos y, ocasionalmente, incluso podría caerse. Pero lo que es importante es que necesitas reconocer tus errores y levantarte de nuevo. Eso es lo que muestra lo comprometido que estás para alcanzar tu objetivo final.

Continúe Abordando el Crecimiento con Coherencia y Pasión

La persistencia y la consistencia son las dos cualidades más importantes que le ayudarán a progresar en la vida. Y ambas cualidades son posibles sólo cuando tienes la pasión por lo que estás haciendo. Pero si no se tiene en cuenta de forma regular, estas cualidades pueden ser difíciles de mantener. No tengo ninguna duda sobre el hecho de que ya sabes qué beneficios puede darte la consistencia en la vida. No importa el logro que quieras tener en la vida, la consistencia es la clave para ello. De acuerdo con la definición del término, tratar de obtener un resultado favorable en un campo elegido desarrollando una disciplina se llama consistencia.

Si implementas un esfuerzo concertado para mantener un enfoque duradero, entonces estás obligado a ser recompensado con el éxito después de un cierto punto de tiempo. Hay una base científica para esto también. Cuando usted está tratando de lograr algo enfocando toda su atención en sus objetivos, su cerebro también es estimulado para fijar su enfoque en el objetivo. Cuando alguien quiere un resultado favorable, se vuelve esencial que haga su determinación incesante. Cuando la gente domina el arte de la consistencia, automáticamente desarrolla un impulso interno que es inquebrantable. También tienen una mente afilada y empiezan a desarrollar su carácter también.

Aquellos que tienen éxito en ser consistentes con su enfoque hacia el crecimiento saben cómo invocar resultados positivos y no están dispuestos a hacer ningún compromiso confiando en el camino menos transitado o en el recorte de gastos. Y como el mercadeo en red es más bien un objetivo orientado a una tarea, ser consistente es la clave, ya que le ayudará a seguir sus resultados hasta el final. Y debe tener en cuenta una cosa: cuando está empezando a entender el concepto de la comercialización en red, es posible que no pueda ver ningún resultado visible a simple vista. Pero si está haciendo todo bien, los resultados probablemente se están estableciendo como la base de su negocio. Todo lo que necesitas hacer es ser paciente y tendrás la experiencia de un éxito total.

Respétate a Ti Mismo y a Tus Necesidades

El amor propio y el respeto a sí mismo no sólo son esenciales para llevar una vida feliz sino también exitosa. Y la parte más importante es que también se aplican a la comercialización de la red. Llega un momento en la vida de todos cuando las influencias externas tienden a quitarte tu autoestima, pero en ese momento, tienes que mantenerte fuerte y resistirte a que eso suceda. Como ya debes haber entendido, el mercadeo en red se trata de construir tu red y así involucrar a otros. Así que, siempre que hablamos de contacto humano, el respeto se convierte en un aspecto crucial.

Pero no puedes esperar que alguien te trate con respeto si no te respetas a ti mismo en primer lugar. Así que deja de tratarte como basura y empieza a considerarte digno de todo. Inmediatamente te darás cuenta de la gran diferencia que va a suponer. Por lo tanto, tienes que pensar en tus necesidades y en el mercadeo en red, esto significa que no debes comprometerte con nada ni conformarte con nada menos que lo que quieres.

Necesitas aceptarte a ti mismo y por una vez luchar por lo que quieres. Si quieres una cierta cantidad de tasa de compensación, no te conformes con algo más bajo que eso. Si crees que necesitas unos días de descanso, adelante y tómatelos. Si no haces las cosas que te hacen feliz, no te sentirás motivado para trabajar por tu éxito. Además, si pasas tus días tratando de impresionar a los demás, nunca serás capaz de vivir por ti mismo. Construye fuertes creencias pero también acepta los cambios. Hagas lo que hagas, mantente firme en cada situación que se te presente.

Concéntrate en Expandirte en Todas las Formas que Puedas

Para cada comercializador de la red, la expansión de su negocio debe estar entre las cosas principales de su lista de prioridades. Necesitas capturar los beneficios del mercadeo en red y luego usarlos como palanca si realmente quieres expandirte. Pero primero, necesita construir su mentalidad de tal manera que esté dispuesto a hacer lo que sea necesario para expandirse. Si tienes miedo de hablar con la gente, entonces necesitas ser capaz de salir de ese caparazón. Del mismo modo, si tienes otras inseguridades de este tipo, necesitas tratarlas una por una.

Tu próxima tarea es desarrollar tu mentalidad empresarial para que puedas empezar a reclutar gente en tu red de manera efectiva. Nunca te disculpes por acercarte a alguien. Necesitas ser audaz y confiado. También necesitas saber cómo puedes aumentar tu círculo de amigos en el mundo del mercadeo en red. Comparte tus pasatiempos con la gente que ya está establecida aquí para que puedas aumentar tu contacto con ellos. Pero hacer amigos no significa necesariamente que tengas que reclutarlos a todos. Simplemente significa que consigues que más y más gente interactúe y comparta tus conocimientos sobre este tema. Si te resulta difícil hacer esto, entonces prométete a ti mismo interactuar con al menos una o dos personas en un día y de esta manera, se convertirá en un hábito diario para ti.

Siempre mantente preparado para tu lanzamiento. Tenga listos videos o artículos que expliquen su negocio y manténgalos a mano para que pueda producirlos cuando vea que es el momento adecuado. También necesitas mejorar la calidad de tu narración si quieres ser un buen vendedor en red. Cuanto más impactante y alentadora sea su historia, más gente se unirá a ella. Debes ser enérgico, vibrante y siempre entusiasta, porque ¿por qué la gente debería trabajar contigo si no estás entusiasmado con tu propia empresa?

Estar Dispuesto a Buscar y Aceptar la Retroalimentación de Otros

Nadie es perfecto y no importa lo bien que le vaya en su negocio, tendrá que aprender a enfrentarse a las críticas porque es inevitable. Ese momento en el que alguien da una opinión negativa sobre tu trabajo es una de las cosas más difíciles de tratar. Definitivamente no es la actividad favorita de nadie. Pero perderás muchas lecciones si empiezas a evitar estos comentarios porque algunos de ellos pueden ayudarte a mejorar. Entonces, ¿cuál es la solución? Tienes que aprender cómo puedes aceptar los comentarios de los demás. Cuando la recibas de la manera correcta, verás por ti mismo cuán diferente es el resultado de la retroalimentación.

Cuando escuchas a alguien que te dice que te equivocaste o que lo que hiciste estuvo mal, definitivamente es un momento difícil para ti. Esa crítica empieza a sonar como una amenaza para ti y tu cerebro trata de evitarla por completo. Otra cosa importante que la psicología afirma sobre la crítica es que nuestro cerebro está programado de tal manera que a menudo retuerce las críticas en lugar de cambiar su forma de pensar. Por lo tanto, nunca recuerdas realmente cuál fue exactamente la crítica. Sólo recuerdas lo que descifraste que era.

Entonces, ¿cómo puedes aprender a aceptar la retroalimentación? Hay dos cualidades importantes que te ayudarán a aceptar la retroalimentación y son – la autoeficacia y la autoestima. Estas dos cualidades pueden cambiar tu comportamiento hacia la retroalimentación. Debes sentirte cómodo tanto con tus limitaciones como con tus talentos. Sólo así podrás mejorar tu vida de una manera más fácil. Pero, ¿con lo que estás luchando es con la baja autoeficacia y la autoestima? Bueno, la única manera de resolver el problema es empezar a establecer micro-metas y luego lograrlas para que puedas hacer un pequeño progreso cada día. Necesitas cultivar una mentalidad que se base en el crecimiento y entonces empezarás a notar la retroalimentación a la luz de la mejora.

Comprométase a Aprender Sobre su Negocio e Industria

Si usted ha tomado la decisión de iniciar su propio negocio y luego entró en el mundo de la comercialización de la red, entonces necesita aclarar una cosa – su negocio de comercialización de la red requiere el mismo grado de compromiso que el de cualquier negocio tradicional. La gente a menudo sucumbe a la idea de que su negocio no está cosechando los resultados que quería o que los resultados no están llegando tan rápido como ellos querían. Pero es necesario comprometerse a aprender más sobre su negocio y su industria si quiere tener éxito aquí. Cada negocio funciona a su manera y si quieres dominarlo, necesitas aprenderlo.

Necesitas exponerte a las diversas terminologías usadas en el mercadeo en red porque este es el primer paso. Si no conoces los términos utilizados, ¿cómo vas a conversar con los demás? También necesitas preguntar si algo no está claro para ti. No hay vergüenza en preguntar y los únicos cobardes son aquellos que se retiran de preguntar.

Piénsalo de esta manera – ¿cómo gana dinero un médico? Gana dinero vendiendo sus conocimientos en forma de prescripción de medicamentos a sus pacientes. Usted está haciendo lo mismo a su manera. Tienes que usar tu conocimiento para obtener beneficios. Pero primero, tienes que obtener ese conocimiento y tienes que comprometerte a aprenderlo. No importa cuál sea tu posición financiera, tus habilidades y conocimientos siempre jugarán un papel importante. Puedes obtener el conocimiento de la manera que creas conveniente. Puedes tomar cursos o incluso auto-educarte. La elección es tuya. Además, también puedes acercarte a alguien que te sirva de mentor.

Así que estas son algunas de las formas en que puedes construir tu compromiso en el mercadeo en red. Salga de su zona de confort y realice los cambios necesarios y se verá avanzando hacia su objetivo. Es normal tener miedo, pero no dejes que tus miedos te controlen o te impidan expandir tu negocio porque entonces, serás el único que pierda algo.

Capítulo 5: Promoción de sus Productos y Eventos

El negocio del mercadeo en red se basa en los productos, por lo que promoverlos es crucial si se quiere obtener algún beneficio. En consecuencia, la celebración de eventos y la promoción de los mismos es igualmente importante porque eso le ayudará a construir relaciones más fuertes. Estos eventos también pueden ser utilizados como el lugar donde educar a otros acerca de su producto y por qué deben elegirlo. En esencia, la comercialización en red consiste en crear relaciones y mantener una comunicación eficaz. Por lo tanto, siga los consejos que se mencionan a continuación y promueva sus productos y eventos.

Construye una Marca para Ti Mismo

La competencia en el espacio de la comercialización en red o MLM está aumentando cada día y por lo tanto lo que traes a este mercado debe ser único. Y qué es más único que tu propia personalidad! Por lo tanto, siempre se aconseja que te marques a ti mismo. Y para hacer esto, una cosa que tienes que asegurarte es que todas tus plataformas de medios sociales estén centradas en ti y que lleven tu imagen y tu nombre. Si quieres estar seguro de tu posición en el mercado, entonces tienes que hacerte la marca. No quieres ser recordado como la "persona que vende el producto X", ¿verdad? Debes ser recordado por tu nombre y para eso, tienes que construir una marca para ti mismo.

No es tan difícil como te lo imaginas. Tienes que ir paso a paso y definitivamente tendrás éxito en ello. Para hacer la marca correctamente, usa tus propios productos con orgullo y sin importar la conversación que tengas, refiérete a tu marca y productos. Si consideras la incorporación de la marca de la empresa como una estrategia para el crecimiento del negocio, entonces otros (sobre todo tus potenciales clientes potenciales) comenzarán a entender tu valor y sabrán que tú eres el verdadero negocio aquí. Una de las primeras cosas que necesitas asegurar es mantener tu palabra. Si decides o dices que vas a hacer algo, entonces síguelo hasta el final.

Las empresas irán y vendrán, pero tienes que recordar que estás aquí a largo plazo y te quedarás aquí incluso después de que las empresas se hayan ido. Todo el mundo tiene un punto de partida, así que no importa que empieces desde cero. Nunca es demasiado tarde para dar el primer paso. Tienes que decidir la dirección de la marca primero. Concéntrese en la construcción de una base de clientes leales para estar seguro de que siempre tendrá un grupo de clientes que estén genuinamente interesados en su marca.

También tienes que averiguar qué es lo que más te gusta. Si te confundes con esta parte, pregúntate, ¿de qué no te arrepentirás de haberte contentado incluso dentro de 10 años? Si te tomas este negocio en serio, eso significa que tienes que pensar a largo plazo y que no sirve de nada elegir algo sobre lo que rápidamente perderás todo tu interés. La gente siempre prefiere a los que tienen confianza en sí mismos y cuando eliges algo que te gusta, automáticamente te sentirás seguro al hablar de ello.

Aprovechar las Ventajas de la Comercialización del Vídeo

Cuando se trata de la caja de herramientas promocionales, el marketing de video es definitivamente un arsenal muy poderoso sobre todo porque puede impactar profundamente en su audiencia.

Los videos son más memorables que cualquier otra forma de contenido y también son muy atractivos. Pueden establecer una conexión más profunda y emocional con tu audiencia y necesitas aprovecharla al máximo. ¿Estás confundido acerca de cómo empezar? Entonces aquí hay algunas formas que puedes implementar.

- **Preséntate** – Esta es la primera y principal cosa que necesitas hacer. Definitivamente necesitas tener un video introductorio porque eso explicará a tu audiencia quién eres, qué productos vendes y qué valor puedes agregar. Además, con un video, puedes impartir fácilmente tu personalidad a tu marca. Pero también debes pensar en la personalidad que debes retratar. Por supuesto, mantenerse natural es bueno, pero también hay que pensar en ello desde el punto de vista de los negocios. Averigua quién es tu público objetivo y luego averigua qué tipo de personalidad les gustaría ver.
- **Comparte detalles sobre tu negocio** – Se ha visto que la gente siempre se siente atraída por los videos que son explicativos. Por lo tanto, cuando haces la introducción, es natural que la gente se interese por tu negocio, pero tienes que captar su atención y mantenerlos sentados hasta el final del vídeo. Incluso puedes retratar cómo se pueden implementar los productos en la vida real o también puedes mostrar algunos trabajos entre bastidores en tu oficina.
- **No te olvides de los testimonios de los clientes** – Cuando tu público vea a clientes satisfechos diciendo cosas buenas sobre tus productos, automáticamente dejará un impacto positivo en la mente de la audiencia. Además, esto beneficiará a su SEO en la difusión de una palabra positiva sobre su negocio. Otra cosa es que cuando la gente se da cuenta de que usted se ha tomado el tiempo para recoger los testimonios de sus clientes actuales, significa que usted

se preocupa por ellos. Por lo tanto, usted está dando una prueba social muy fuerte sobre la calidad de sus productos y la confianza de la gente en su marca.

- **Responder a las preguntas** – Tu público puede tener algunas preguntas sobre tu negocio o productos, así que haz un vídeo al estilo de las preguntas frecuentes en el que puedas responder a las preguntas más frecuentes. O bien, también puedes preguntar a tu público en los medios sociales sobre las preguntas que tienen y luego responderlas todas a través de un vídeo. Esto te ayudará a generar clientes leales.

Crear Contenido Específicamente para tu Cliente Ideal

El tipo de contenido que estás creando juega un papel muy importante en la atracción de clientes potenciales. Si estás en este mundo de la comercialización de Internet, entonces en un momento u otro, debes haber oído la frase – "el contenido es el rey" ¡y realmente lo es! Mientras que esto puede parecer simple para ti ahora, hay mucho trabajo que se hace en el fondo. Además, la creación de contenido para su cliente ideal es una parte muy crucial de la estrategia del SEO. Es por eso que necesitas tener todo el conocimiento sobre tus clientes, ya que perder los detalles significaría un contenido de calidad inferior también.

Existe un mito que afecta al mundo del mercadeo en red y ese mito dice – el contenido es para la publicidad. Bueno, la imagen puede ser algo así, pero el principal objetivo del contenido es educar y mantener a su audiencia involucrada. En la mayoría de los casos, cuando la gente practica una actitud de venta directa en su contenido, la audiencia no prefiere dicho contenido. Su contenido debe ser capaz de interesar a su cliente y también debe tener la capacidad de ayudarle a formar una relación con su cliente. Cada pieza de contenido debe agregar algún valor y usted debe planear el contenido para el futuro.

Tienes que entender que no todo es sobre ti. Debes tratar de presentar tu personalidad pero eso no significa que el contenido tenga que ser sobre ti. Cuando haces el contenido sobre ti, no importa lo bueno que sea, puede que no genere ninguna pista. Por supuesto, puedes hablar de los logros en tu vida personal para que tu audiencia te vea como el líder, pero nunca debes pensar en tus propios logros. Su contenido debe estar enfocado en atender las necesidades de sus clientes y algo que les haga querer compartir su contenido en los medios sociales.

Debes tener una imagen clara y detallada de tu audiencia fijada en tu mente. También tienes que averiguar el objetivo de tu contenido y qué resultados quieres. Una vez que hayas hecho ambas cosas, encontrarás que la lluvia de ideas más nuevas se hace mucho más fácil. Necesitas pensar como tu audiencia para crear un contenido que les atraiga. La esencia de la creación de una estrategia de marketing a largo plazo es siempre ponerse en el lugar de su cliente.

Asistir a los Eventos a los que su Público Asistiría

Una de las estrategias clave del mercadeo en red es que asista a más y más eventos. Debes seleccionar estos eventos en base a tu audiencia. Necesitas ir a esos eventos donde tu audiencia también va. Deje de adoptar el enfoque que todos los demás están usando. Construya su propio camino. Asistir a los eventos te ayudará en la investigación de mercado. No sólo aprenderás sobre los esfuerzos que están haciendo tus competidores, sino que también aprenderás lo que otros individuos con ideas afines tienen que decir. Si usted piensa que la investigación de mercado es algo que sólo se puede hacer en la fase inicial de su comercialización en red, entonces está equivocado. La investigación de mercado es un proceso continuo y nunca debe dejar de hacerse aunque haya alcanzado un cierto nivel.

Cuando asista a eventos específicos de su nicho y su audiencia, se mantendrá en el conocimiento de los eventos recientes. Esto evitará que corras hacia algo que ya está obsoleto en esta industria. Aprenderás las cosas que tu audiencia piensa que son importantes y así la hoja de ruta hacia tu objetivo será trazada. La parte de la red de mercadeo es de gran importancia, pero los principiantes a menudo olvidan que también hay que construir una red fuera de su propio entorno.

Cuando asista a eventos de su industria, conocerá a mucha gente e incluso podría comenzar a obtener algunas ideas nuevas después de hablar con los que ya están en esta industria. También conocerás a algunas personas influyentes y, sobre todo, a tu público.

Cuando te encierras entre cuatro paredes de tu oficina o casa, conseguir nuevas ideas puede ser un poco difícil. Pero cuando salgas y converses con otros, podrías obtener un nuevo ángulo de algo viejo y aburrido. Además, cuando tu público está presente en el mismo evento, obtendrás una mejor comprensión de sus problemas y qué es exactamente lo que esperan de los productos. También podrás ver de cerca a tu público y esto te dará una mejor idea de quiénes son y con qué estrategias puedes captar su atención.

Mostrar los Productos en Uso

Así que, ahora que has descubierto los fundamentos de la promoción de productos y eventos, vuelvo al punto que había mencionado una vez en los párrafos anteriores, es decir, mostrar tus productos en uso. La prueba social actúa como magia en su audiencia e instantáneamente comenzarán a tener fe en su marca y sus productos. Y si no son conscientes de esto, entonces sepan que pueden hacer mucho más que sólo publicar fotos a través de los medios de comunicación social. Puedes crear una sólida campaña de UGC o de contenido generado por el usuario porque puede dejar un gran impacto.

Cuando la gente realmente ama sus productos, les encantará crear videos o fotos que los rodeen. Ya sea que simplemente estén charlando sobre su producto o usándolo en una foto o video, no hay otra forma más auténtica de presentar su producto. De esta manera, puedes llegar a un público mucho más amplio. Ahora, tal vez te preguntes cómo puedes hacer que tus clientes creen este tipo de contenido. Bueno, la forma perfecta de hacerlo es simplemente pidiéndolo. Facebook es una plataforma increíble para hacer esto.

Se ha visto que el 62% de los clientes prefieren que la marca cree algún contenido que demuestre cómo pueden realmente implementar el producto en su vida diaria. También puedes empezar a hacer videos en vivo de Facebook donde puedes responder las preguntas comunes hechas por la audiencia, promover las ventas y también compartir algunos hechos creativos sobre tu producto. Otra cosa que puedes hacer es utilizar algunos UGC en tus propios vídeos, así, mostrar a tu público cómo los usuarios existentes han utilizado tu producto.

Si quieres llegar a nuevos clientes que tengan los mismos gustos y preferencias que tus clientes actuales, entonces lo que puedes hacer es trabajar para mejorar las referencias de los clientes. Si has ganado una cantidad considerable de seguidores en tus páginas sociales, entonces puedes simplemente enviar un correo a tus clientes para que te den una pequeña reseña si les ha gustado tu producto y aquellos que lo han amado de verdad no dudarán en darte una buena reseña. Siempre que consiga una calificación de 5 estrellas en sus páginas sociales, puede tener un efecto increíble en los resultados de los motores de búsqueda y llevar su página automáticamente a la primera página de la búsqueda de Google. No importa el esfuerzo que haga falta, tener una prueba social de sus productos definitivamente vale la pena.

No Te Centres Totalmente en las Ventas

Hay que tener en cuenta muchas cosas porque el mundo del marketing de red se basa en la gente y hay que tratar con diferentes tipos de personas al mismo tiempo. Habrá gente con diferentes intereses y de diferentes edades. Por lo tanto, antes de empezar a centrarse por completo en las ventas, tienes que aprender cómo puedes relacionarte con estas personas. Cuanto más te relaciones con ellos, más entenderás su punto de vista. Por supuesto, necesitas mantener una individualidad para destacarte, pero demasiado de eso puede arruinar tu negocio también. Por lo tanto, tienes que ser un poco más afín renunciando a algo de esa individualidad.

Cuando invitas a otros a echar un vistazo a tus productos y a tu negocio, no debes tratar de vender algo tanto como para que la persona que está frente a ti se irrite. Necesitas recordar que este es un proceso de doble sentido. Sólo puedes vender a alguien que esté dispuesto a comprar. El estigma que se asocia con el mundo del mercadeo en red ha sucedido debido a un puñado de personas que son tan molestas y no saben que a veces sólo tienen que aceptar un "no" por respuesta.

Hacer amigos en la industria. No necesitas despertarte cada mañana estresado con el hecho de que tienes que hacer un nuevo prospecto hoy. Cada persona que conoces no tiene un blanco en la frente, así que no debes tratarla así. En su lugar, sé amigable y sé sutil cuando menciones tu negocio. Tienes que hacer que tu forma de presentación sea interesante para que la persona esté genuinamente interesada en ella. Tienes que producir algún valor y encontrarás a la gente acudiendo en masa hacia ti.

No practique estrategias agresivas. Concéntrate en tu tiempo y energía en la calidad. Además, debes tener confianza en lo que vendes, porque si no estás seguro de tu propio producto, ¿por qué deberían estarlo los demás? Y por último, el fracaso es algo real, pero eso no significa que debas tener miedo. Sólo sigue con tu plan y espera a ver los resultados.

Capítulo 6: Presentando su Oportunidad a los Prospectos

Hay un término que se utiliza ampliamente en el mundo de la comercialización en red y este término se llama – "prospección". Es el proceso de averiguar quiénes son las personas potenciales que podrían tener algún interés en su negocio. Cuando se trata del mercadeo en red, estas personas potenciales podrían querer comprarle un producto o podrían tener algún interés en unirse a su negocio. Este capítulo se va a centrar en cómo puede presentar su oportunidad a sus prospectos y hacer que se interesen por su negocio.

Invitándolos a Acercarse a Usted

Empieza haciendo una lista de tus prospectos. Si quiere construir un negocio estable de mercadeo en red, entonces uno de los pasos importantes del mismo es hacer una lista de las personas que sabe que podrá acercarse e invitar. Entonces estas personas vendrán y echarán un vistazo a su idea. Este paso tiene un papel importante que desempeñar, sin embargo, la mayoría de los vendedores de la red pasan por alto su importancia. No dar a este paso la suficiente importancia podría incluso darle un mal comienzo de la recuperación de la cual tomará bastante tiempo.

Otro consejo importante para usted cuando esté haciendo esta lista de prospectos – nunca piense en quién podría estar interesado en escucharle y quién no. Esto se debe a que nunca sabrá con seguridad si no habla de su negocio con ellos, y tachar un nombre de la lista puede llevarle a perder un posible cliente. Así que deja de prejuzgar a la gente y empieza a pensar en algunos nombres de inmediato. Bien, ahora que tiene su lista de prospectos lista a mano, es hora de que usted dé el segundo paso. Tienes que llamar a estos prospectos e invitarlos a venir. Debes declarar la invitación de manera que tu esfuerzo les interese también.

No hay una manera correcta o incorrecta de acercarse y lo que funciona para alguien más puede no funcionar para usted, pero no hay nada malo en intentarlo. Por lo tanto, si usted está trabajando para una compañía de mercadeo en red, eche un vistazo a sus métodos de prospección y qué enfoque utilizaron. Comience a implementar este enfoque en sus métodos y luego siga revisando su progreso de vez en cuando. Si cree que no está siendo capaz de alcanzar los resultados que pensaba, es hora de reevaluar sus métodos y encontrar los defectos. Incluso puedes acudir a tu mentor porque a veces un pequeño cambio es todo lo que necesitas y un ojo experto puede ayudarte con eso.

No esperes que las cosas empiecen a dar resultados inmediatamente. Cuando emprendes algo nuevo, ¿te conviertes en un experto desde el primer día? No, ¿verdad? Del mismo modo, para el marketing de redes, necesitas darle tiempo para que se adapte y, una vez que estés en la onda de las cosas, todo empezará a encajar.

También deberías invitar a más gente de la que realmente anticipas que aparecerá. En resumen, si quieres que 30 personas asistan a tu evento o reunión, entonces deberías invitar al menos a 50 de ellas.

Deje Que Le Hagan Preguntas

El objetivo principal que debe tener cuando se acerca a sus clientes potenciales es que su producto sea capaz de plantear la solución a los problemas de sus clientes potenciales. Por lo tanto, usted necesita entender cuáles son las necesidades de sus prospectos. Debe dejar que ellos hagan sus preguntas. Esto se debe a que cuando empiecen a hacer las preguntas, se revelará mucho sobre lo que quieren lograr. Algunas de las preguntas comunes que sus prospectos pueden hacerle se enumeran a continuación –

- **¿Quién es su cliente objetivo?** Esta es una de las preguntas más comunes ya que todos los posibles clientes quieren saber si su producto les será beneficioso. Si su producto no se ajusta al tipo de clientes con los que los prospectos tratan, no habrá beneficios para el prospecto y por lo tanto se echarán atrás en cualquier trato. Cuando les des una respuesta a esta pregunta, estarán analizando tu respuesta para buscar cualquier inconsistencia entre el tipo de clientes objetivo que tienen y el tipo de comprador que tu producto necesita. Es exactamente por eso que la necesidad de investigar a sus prospectos antes de llegar a ellos es esencial. Cuando su respuesta sea al grano, sus prospectos sabrán que los ha investigado bien. Su respuesta debe ser satisfactoria para que sepan por qué son los clientes perfectos. Tiene que hacer que sus prospectos sientan que su producto es el perfecto para ellos.
- **¿Utiliza su propio producto?** El hecho de que un comercializador de red utilice su propio producto actúa como una prueba de fuego. Esto demuestra que no sólo habla de las ventajas que ofrece el producto, sino que también cree en ellas. Necesitas salir de esos guiones de ventas pre-escritos y hacer tu punto. Su experiencia como usuario de primera mano a menudo impresionará más a sus prospectos. Si quiere causar una mejor impresión, puede reunir algunos testimonios de sus clientes y presentarlos a los prospectos.

Lidere la Conversación Sin Presión

Salir de su zona de confort y conversar con otros es la forma en que debe proceder con el mercadeo en red. Si comienza a hacer esto, verá un crecimiento gradual. Pero también debe tener confianza en sus conversaciones y practicar liderar las conversaciones sin mostrar ningún síntoma de estar bajo presión. Además, debe sonar natural y no comenzar a presentarse como vendedor. Debe entablar una conversación sobre su producto y sus prospectos. No debería ser completamente acerca de usted. ¿Alguna vez usted ha escuchado a alguien hablar tanto de sí mismo que la otra persona se aburrió? Si es así, entonces sabrá de lo que estoy hablando. Casi parece que la persona simplemente está hablando consigo misma y no para prospectar.

Varios factores impresionan a las perspectivas y hacen que la conversación sea excelente. En primer lugar, cuando hablas con confianza, la persona frente a ti te tomará en serio. Debe hacer que su conversación sea atractiva e interesante para que haya un flujo perfecto. Cuando dirija la conversación con confianza, notará lo fácil y fluido que es y se moverá de un tema a otro orgánicamente sin presionar demasiado.

Si desea construir una relación a largo plazo con sus prospectos donde estén satisfechos de trabajar con usted, aclarar sus expectativas forma una parte importante de todo. Debe preguntar a sus prospectos cuánto esperan ganar de la empresa para que valga la pena su tiempo. Esta forma de formular su pregunta es mucho mejor que simplemente decir: "¿Te encantaría ganar $ 15.000 al mes?" No debería establecer el objetivo de alguien para ellos. Debería darles la libertad de elegirlo ellos mismos. Cuando haga esto, su prospecto estará eligiendo algo que saben que pueden lograr. Si enmarca el objetivo, entonces podría ser demasiado alto y asustarlo y, por el contrario, si es demasiado bajo, sus perspectivas podrían perder su interés por completo.

Pregúnteles cuántas horas están dispuestos a comprometerse con la causa y cuánto tiempo creen que será necesario para que alcancen el éxito si continúan trabajando de manera constante. Esto asegurará que usted obtenga un compromiso a largo plazo de esta persona.

Cree Sutilmente un Sentido de Urgencia

Si bien su producto es el perfecto para su prospecto y está ofreciendo buenos descuentos, hay una cosa que se está perdiendo. No está creando un sentido de urgencia. Para hacer eso, debe hacer las preguntas correctas y debe hacer que su prospecto piense que están en una situación insatisfactoria con su negocio. Cuando no hay urgencia, las personas generalmente no toman ninguna medida. Comienzan a postergar y toman toda una vida para llegar a cualquier conclusión. Pero cuando crea una situación en la que el tiempo es un parámetro sensible, sus perspectivas no retrasarán sus decisiones. Y usted lo hará haciendo algunas preguntas.

- **Pregunte cómo va su negocio** – Pregunte el tamaño de su empresa actualmente en términos de varios factores, como el número aproximado de clientes, los ingresos anuales y el número de empleados. Una vez que haga esta pregunta, obtendrá una idea sobre cuál es la visión de su prospecto y qué obstáculos se interponen en su camino actualmente. También debe preguntarle a su prospecto si su negocio está floreciendo o si está sufriendo algún revés. Esto le recordará instantáneamente a la persona frente a usted que tiene objetivos comerciales generales y esa es su señal para hacerles creer qué papel importante jugará su producto para ayudarlos. También puede incluir información nueva, por ejemplo, una nueva tendencia en el mercado, y preguntarle a su prospecto si sabían sobre esto o no. Debe elegir algo de lo que su prospecto probablemente no sea consciente. Al conocer esta nueva información, lo verán de una manera más creíble y querrán actuar lo antes posible.

- **Pregunte sobre sus puntos debiles** – Necesita saber qué puntos debiles está experimentando su prospecto y luego debe preguntarles por qué están tratando de resolver esos puntos debiles ahora. La respuesta le dará conocimiento sobre la urgencia que el prospecto ya enfrenta. Pregúntele sobre los efectos del problema en sus ingresos y otros factores y si el problema está afectando a muchas personas o no. Cuando el prospecto responda esta pregunta, comenzará a darse cuenta de que los efectos están bastante extendidos y deben comenzar a hacer algo al respecto.

- **Pregunte sobre la competencia** – Debe preguntar sobre la cantidad de competencia que enfrenta su prospecto. De hecho, la mayoría de las industrias se están volviendo competitivas, pero cuando su prospecto responda esta pregunta, se dará cuenta de que deben actuar ahora para poder adelantarse a los demás. También puede preguntarles si han perdido algún gran cliente en algún momento o recientemente. Si dicen que no, entonces puede apreciarlo y luego decir sutilmente lo malo que sería si el 20% de los ingresos simplemente desapareciera de repente si le sucediera a usted. Si dicen que sí, que han perdido clientes, se dará cuenta de que su prospecto está listo para tomar precauciones para que no tenga que enfrentar tales problemas más adelante. También debe preguntar sobre el incidente porque cuando su prospecto exprese una pérdida tan grande, estará aún más ansioso por evitar tal catástrofe en el futuro. Entonces, será su deber mostrar cómo su producto puede resolver el problema.

Tenga un Recurso Disponible Para que lo Lean

El objetivo subyacente de la prospección siempre será una comunicación efectiva y finalmente ganarse al prospecto de su lado. Después de hablar con el prospecto, siempre debe mantener algunos recursos disponibles en formato físico o digital para que esa persona pueda leerlo. Esto despejará cualquier duda que el prospecto pueda tener sobre su negocio. Hay varios otros beneficios de mantener un recurso disponible también.

Uno de los principales beneficios es que el recurso podrá educar a su prospecto sobre su negocio de manera detallada. Además, el recurso escrito actuará como un resumen de lo que acaba de explicar al prospecto en palabras. Debe tener mucho cuidado al enmarcar este recurso. Debe hacerlo integral porque solo entonces su prospecto comprenderá que tiene la competencia para hacer lo que sea necesario para cumplir con sus requisitos.

En términos más simples, el recurso que enmarca tiene que ser valioso para su perspectiva. Debería ser convincente pero no demasiado agresivo. No hay una longitud estándar para componerlo. Todo lo que tiene que hacer es asegurarse de haber cubierto todos los puntos importantes en un formato compuesto. No exagere o no escriba pasajes demasiado largos que el prospecto encuentre aburrido de leer. Manténgalo atractivo, simple y fluido. Mantenga el tono general cálido y asegúrese de transmitir todo lo que necesita para ganarse al prospecto. Además, puede ajustar los recursos cada vez que se encuentra con un nuevo prospecto y personalizarlo para él/ella. Si lo hace, el prospecto comprenderá que está realmente interesado en trabajar con ellos y que ha realizado su investigación.

Siempre Solicite Seguimiento

El seguimiento es una parte crucial de su negocio de mercadeo en red cuando está invitando a sus prospectos. Pero las personas a menudo lo hacen de la manera incorrecta y esto arruina la cantidad de suscripciones que podría haber obtenido. Si está pensando que su prospecto se registrará con usted justo después de la primera reunión, entonces está equivocado porque la mayoría de las veces, no lo hacen. Una sola exposición generalmente no es suficiente para hacer que alguien diga que sí. Tendrá que dedicar algo de tiempo a educar a sus prospectos y solo entonces tendrán una comprensión completa de la oportunidad en cuestión.

Es posible que haya hecho una lista interminable de prospectos e incluso podría haber presentado la mejor presentación que alguien podría dar, pero, ¿eso significa que se ha ganado su confianza? ¡No! No quedarán impresionados a menos que envíe un seguimiento. Esto es lo que mantiene la conversación y también construye una base para el desarrollo de su relación. Después de eso, sus prospectos tomarán una decisión. En primer lugar, debe establecer una hora específica y eso también durante su primera reunión con el prospecto. Cuando termine ese tiempo específico, enviará su primer seguimiento. No puede retroceder después de una semana y de repente decidir que no va a enviar el seguimiento porque eso solo muestra cuán profesionalmente ineficiente es. No se eche atrás en su palabra.

El seguimiento no es más que una segunda forma de exposición después de su primera reunión con el prospecto. Cuanto mayor sea el número de exposiciones, más se inclinará su perspectiva a tomar la decisión. Debe tener en cuenta que el objetivo de enviar seguimientos es educar a sus clientes y no molestarlos para que se registren. Si un seguimiento no lo ayuda, debe enviar seguimientos después de los seguimientos. Puede hablar sobre historias reales en las que la vida de las personas ha cambiado después de usar su producto. Entonces, de esta manera, fomentará una relación con su prospecto.

Siga todos los pasos mencionados anteriormente correctamente y sea coherente porque la excelencia se adquiere solo si continúa practicando.

Capítulo 7: Conversión de Prospectos en Distribuidores o Clientes

Ahora que ha aprendido la parte de presentación, el siguiente paso es aprender el arte de convertir a sus prospectos en distribuidores o clientes. Cuanto mayor sea el número de conversiones, más dinero ganará pero, lo que es más importante, también estará practicando una estrategia de conversión más inteligente. Entonces, aquí hay algunas formas en que puede convertir sus prospectos de manera efectiva.

Dedique Tiempo a Conocer a sus Prospectos

El primer paso para mejorar su tasa de conversión es mejorar sus propias habilidades. Necesita pasar un tiempo conociendo a su prospecto porque eso le dará una idea clara de dónde vienen y qué tipo de enfoque le ayudará a conquistarlos. Todos tenemos algunos puntos débiles que puede usar para hacer su lanzamiento. Por ejemplo, uno de sus prospectos podría ser un poco inestable sobre el lado emprendedor de todo el negocio de mercadeo en red. Por lo tanto, debe utilizarlo y comenzar allí.

Se encontrará con varias personas que simplemente están interesadas en ser un cliente y no un distribuidor. Es posible que no estén dispuestos a asumir tal responsabilidad en este momento. Su trabajo es no dejarlos sentir menos que los demás. Debe darles la misma importancia y hacerles sentir que está totalmente de acuerdo con usted, incluso si quieren asociarse con sus productos en este momento. Una vez que estén involucrados con su producto, manténgase en contacto con ellos a través de su boletín o sus redes sociales.

Una vez que establezca una conexión con los clientes y comiencen a ver la prueba social de sus productos, podrían estar interesados en ser un distribuidor después de un tiempo. Tiene que esperar la oportunidad correcta y luego volver a plantear el asunto. La mayoría de las personas que no aceptan convertirse en distribuidores de inmediato lo hacen porque temen que su conocimiento no sea suficiente para sobresalir. Pero siempre es su trabajo educarlos y hacer que se sientan seguros al respecto. Cuanto más conozca a su prospecto, mejores estrategias podrá desarrollar para convertirlos.

Iniciar la Conversación con una Pregunta

Una de las mayores dificultades que enfrenta cualquier comercializador de la red, que es nuevo en todo esto, es comenzar una conversación con el prospecto. Una vez que pase por esto, obtendrá una mejor idea sobre las estrategias que puede implementar. Bueno, para empezar, necesita relajarse y mantenerse seguro. Su conversación no debe sonar como charla de ventas o incómoda. Un error que todos cometen es que arrastran la conversación durante demasiado tiempo. ¡No! Si pasa la mayor parte de su tiempo simplemente tratando de construir una buena relación, podría tener el efecto contrario. A nadie le gustaría el hecho de que pase una hora hablando solo para decir que tiene algunas ideas de negocios para compartir y que este fue el punto de la conversación todo el tiempo.

Necesita llegar al punto y necesita encontrar un terreno común entre usted y el prospecto. Por lo general, es aconsejable que comience la conversación con una pregunta. Todos los rompehielos estándar en el campo del mercadeo en red son todas preguntas. La más común es comenzar con algo como: "¿Aspiras a tener múltiples flujos de ingresos?" Otra común es: "¿Te interesaría ganar algo de dinero adicional si no se mete con lo que ya estás haciendo?" Estos son algunos rompehielos antiguos y continúan funcionando incluso hoy en día, pero algunas personas dudan en comenzar con esto de inmediato. No se preocupe, yo también le tengo cubierto.

Una de las formas más fáciles de romper el hielo y comenzar una conversación con alguien que acaba de conocer es entablar una pequeña conversación pero con un motivo. Por ejemplo, puede notar los detalles en su apariencia y felicitarlos al respecto. Si le gusta lo que llevan puesto, solo digales que le gusta y pregúntales de dónde lo obtuvieron. Continúe hablando con la persona y, finalmente, llegará al punto en el que podrá preguntarle a qué se dedica. Aprender acerca de la ocupación de la persona frente a usted le brinda la oportunidad adecuada para comenzar a hablar sobre MLM y su alcance.

Puede hacerlo como "Hago un negocio paralelo y esto me da tanto dinero". Comience a expresar todas las ventajas de hacer mercadeo en red. La mayoría de las personas, después de este punto de la conversación, se interesarán y le preguntarán por más detalles. Lo que puede hacer es darles su tarjeta de presentación y tal vez decir que tiene que asistir a una conferencia telefónica y se mantendrá en contacto para informarles sobre el resto de los detalles. La excusa para la conferencia lo ayudará a romper la comunicación y esto es necesario porque no debe dar demasiada información a la vez, ya que podría asustar a la persona e interrumpir la venta. ¡Pero no se olvide de seguirlos si les entrega su tarjeta de presentación y apunta a conseguir algunas suscripciones!

Responda a Cualquier Pregunta que su Prospecto Pueda Tener

¿Le emociona cada vez que usted está en una conversación de ventas? Bueno, todos lo hacen. Pero el truco es poder cerrar el trato y uno de los pasos clave para eso es responder a las preguntas que hacen sus prospectos de la manera correcta. Un enfoque aún mejor para responder las preguntas como un profesional es anticipar qué preguntas van a hacer y luego tener a mano todos los recursos y contenidos que necesita para que su respuesta suene profesional y convincente. Algunas de las preguntas comunes que su prospecto podría tener se enumeran a continuación –

- **¿Qué le hace diferente de los demás?** Debe saber que aquí es donde necesita hacerse parecer interesante y captar la atención de su prospecto. Lo que le hace diferente de los demás es lo que hará que los prospectos lleguen a usted. Puede hablar sobre lo que hace que su enfoque sea diferente. Concéntrese en las habilidades que tiene y también puede enfatizar el mensaje en forma de una página de ventas escrita que puede pasar a su prospecto. En esa página, puede mantener una parte titulada "Nuestra diferencia" y allí es donde explicará lo que lo hace diferente.

- **¿Qué puedo esperar si me registro con usted?** Es muy natural que los prospectos quieran saber acerca de sus procedimientos y los métodos que utiliza una vez que alguien se inscribe con usted. Entonces, lo que puede hacer es, puede abordar esta pregunta de inmediato en su conversación para que su prospecto se entere sin siquiera pedirla. Pero también debe asegurarse de que lo que diga suceda, en realidad lo hace porque esto sentará una mejor base para su relación con su prospecto. También puede incluir una parte de "Qué esperar" en el archivo de recursos o en la página de ventas que les pasa.

- **Si me registro con usted, ¿cómo puede ayudarnos?** Esto es algo similar a la pregunta anterior. La única diferencia es que aquí el enfoque está más en la mejora que ocurrirá y no solo en los métodos que usa. Debe responder a esta pregunta de manera que su prospecto comprenda cuánto valor imparte con sus servicios. No debe tratarse de vender sus productos, sino de los valores. También puede dar ejemplos que indiquen cómo han mejorado las empresas de otros prospectos después de haberse registrado con usted.

- **¿Cuánta experiencia tiene usted en esta industria?** Esta también es una pregunta muy común porque los prospectos pueden querer saber si ha trabajado en su industria o no. Esto se reflejará directamente en las habilidades que posee. Es por eso que debe tener una sección "Industrias atendidas" en su página de ventas. Si tiene un sitio web, incluya también esta sección allí. En esta sección, incluya algunos estudios de casos impactantes relacionados con esa industria en particular.

- **¿Cuál es su precio?** Aclarar el presupuesto es algo que debe hacer bastante temprano en su conversación para que el prospecto no tenga que hacerle esta pregunta en absoluto. Esto también garantiza que no haya pérdida de tiempo y que pueda ponerse a trabajar de inmediato. Muchas personas prefieren no publicar sus precios, pero incluso si elige hacerlo, asegúrese de tener diferentes niveles de ofertas de paquetes en su sitio. Esto les permitirá a los prospectos saber que si quieren interactuar con usted, pueden hacerlo a diferentes niveles.

- **¿Podemos contactar a alguien que haya trabajado previamente con usted?** Encontrará esta pregunta surgiendo con varios clientes, ya que tienden a sentirse más cómodos una vez que han hablado con algunos de sus clientes. Esto pone de manifiesto la importancia de mantener clientes felices. Si mantiene contentos a sus clientes, ellos solo tendrán cosas buenas que decir sobre usted y esto le beneficiará mucho. Pero antes de dar el contacto de un cliente a un prospecto, asegúrese de hablar primero con el cliente. Y, siempre puede incluir testimonios de clientes en su sitio web para un énfasis adicional.

- **¿Quién será mi contacto principal?** Recuerde siempre que fue usted quien estableció la relación con su cliente para llevarlo a bordo. Entonces, si de repente dice que ha establecido a alguien nuevo para que sea su contacto principal, es posible que no esté muy contento con esto. Entonces, es por eso que necesita discutir esto al comienzo de su conversación, donde puede decir cómo se cuida todo el trabajo y quién desempeña qué papel en su negocio.

Haga su Discurso

Ahora que ha reunido algunos conocimientos, ¡es hora de que haga su discurso! Pero debe mantenerlo corto y simple. No lo haga demasiado largo. Pero asegúrese de cubrir todo en un corto período de tiempo y traer a casa el punto que está tratando de hacer. Nunca use ninguna jerga porque eso podría confundir a su prospecto. La mejor manera de hacer el discurso perfecto es practicar. Puede escribir lo que ha pensado y luego puede practicarlo una y otra vez para que todo le salga naturalmente y no parezca que lo has memorizado todo solo para la reunión.

Si bien sus palabras son de suma importancia en su tono, también lo es su lenguaje corporal. No solo debe sonar seguro, sino también verse seguro. No suene espeluznante o desesperado, solo sea natural. Use ropa elegante y párese derecho. Otra cosa que debe tener en cuenta es que su tono no debe sonar monótono. Su entusiasmo debe ser prominente porque eso hará que el prospecto se dé cuenta de que realmente ama lo que hace y que usted está feliz con los resultados.

¿Tiene la costumbre de hablar demasiado rápido? Entonces tiene que hacer algo al respecto también. Practique de antemano hasta que domine el arte de hablar al ritmo correcto. Cualquier anormalidad en su ritmo de expresión puede hacer que sus palabras no sean claras y su prospecto podría terminar malinterpretando sus palabras o no entendiéndolas en absoluto. La conclusión de todo esto es que su discurso tiene que ser bueno. Debe ser pegadizo y algo que sus prospectos puedan recordar fácilmente.

Cuando esté dando el discurso inicial, su objetivo debe ser identificar quién está interesado en hacer negocios con usted y quién no. Puede dejar el resto de los detalles para una presentación posterior donde puede dar un discurso más explicativo. Hacer una presentación completa a alguien que tal vez ni siquiera esté interesado no tiene sentido.

Capítulo 8: Crear un Sistema de Seguimiento Sólido

Cuando usted comienza con el mercadeo en red, su enfoque principal es correr la voz para que pueda atraer nuevos prospectos. Pero producir su discurso de la manera más emocionante no es donde consigue que el prospecto se suba a bordo. Hay mucho más que hacer que eso. Los principiantes en el mundo del mercadeo en red a menudo olvidan el hecho de que si quieren tener prospectos a bordo, tienen que darles una cantidad considerable de tiempo y, en ese tiempo, deben prepararlos y educarlos de una manera que el prospecto tome decisión de subir a bordo sin pensarlo dos veces. Y un sistema de seguimiento juega un papel muy importante en todo esto.

¿Cuándo Utilizar Seguimientos Automatizados?

Tener un sistema automatizado de seguimiento definitivamente ahorra mucho tiempo, especialmente cuando usted está ocupado con otros aspectos del negocio. Aquí hay algunas estadísticas reveladoras para usted que lo harán repensar su estrategia de seguimiento —

- Entre los propietarios de pequeñas empresas, el 44% no realiza más de un seguimiento con sus prospectos
- El 10% de los propietarios de pequeñas empresas terminan haciendo más de tres seguimientos
- De todas las ventas realizadas en el mundo del mercadeo en red, el 80% se produce entre el 5º y el 12º de seguimiento.

Entonces, ¿ahora ve el error aquí? Un gran porcentaje de las empresas se están perdiendo sus oportunidades de cierre solo porque no están participando en un sistema de seguimiento efectivo y consistente. El problema con las pequeñas empresas es que tienen tanto que hacer por su cuenta que no tienen suficiente tiempo para realizar un seguimiento. Siempre tienen que hacer algo y, después de intentarlo un par de veces, pasan a la siguiente tarea en cuestión. Por lo tanto, no tienen la paciencia ni el tiempo para revisar manualmente todo el proceso de seguimiento de los correos electrónicos que se han enviado o rastrear a los clientes potenciales. Ahí es donde entra el papel de los seguimientos automatizados.

Con los seguimientos automáticos, tendrá sus campañas de correo electrónico listas a su disposición y estos correos electrónicos se enviarán incluso mientras está ocupado haciendo algún otro trabajo. Por lo tanto, no necesita preocuparse por enviar estos correos electrónicos. Y si está pensando que la automatización hará que sus correos electrónicos sean rígidos, entonces está equivocado. Con la nueva tecnología que está evolucionando, también puede personalizar sus correos electrónicos automatizados. Hay algunas perspectivas que requieren un seguimiento de al menos veinte veces antes de que finalmente acuerden unirse y hacer todos esos seguimientos manualmente puede ser bastante engorroso. Por lo tanto, un sistema de seguimiento automatizado será su salvador.

¿Cuándo Usar los Seguimientos Manuales?

Si un prospecto es demasiado importante y sabe que él/ella puede significar mucho para su negocio, puede omitir el proceso de seguimiento automatizado y hacerlo manualmente. De esta manera, puede modificar los correos electrónicos aquí y allá y hacerlo aún más personalizado. Esto también hará que el prospecto sienta que ha realizado su investigación y que está realmente interesado en tenerlo a bordo. Pero esto no significa que tenga que escribir todos los correos electrónicos. Puede crear sus propias plantillas y tenerlas a mano para estas situaciones. Entonces, todo lo que tiene que hacer es ajustar estas plantillas de vez en cuando según su perspectiva.

¿Cómo Crear un Sistema de Seguimiento Automatizado?

¿Confundido acerca de cómo debería ser su sistema de seguimiento automatizado? No se preocupe, esta sección lo tiene cubierto. Lo he demostrado en un proceso paso a paso para que pueda lograr lo máximo con su sistema automatizado. Puede llevar algo de tiempo ahora, pero recuerde que el tiempo que dedica al desarrollo de este sistema finalmente le traerá dividendos cada vez que tenga un nuevo prospecto.

Paso 1 – Comience de Nuevo

El primer paso es descartar cualquier correo electrónico o estrategia de seguimiento anterior que tenga porque vamos a crear todo desde cero. De esta manera, puede aportar una nueva perspectiva. Recuerde que puede tener la tentación de hacer cambios en su sistema existente, pero eso solo conducirá a mejoras incrementales menores y no a nada significativo. Por lo tanto, si está buscando un salto importante en sus niveles de rendimiento, entonces es necesario comenzar de nuevo.

Paso 2 – Elija el Destino para el Seguimiento

Este es el siguiente paso más importante y también determinará cómo será su seguimiento. Debe separar los seguimientos en dos categorías. Uno de ellos será para sus prospectos y el otro para sus prospectos. Su cliente no simplemente se acercará a usted. Tienes que hacer que él/ella venga a usted mediante la implementación adecuada de estrategias, fomento de la confianza y educación. Por lo tanto, debe imaginar la experiencia ideal que cree que desean sus prospectos y luego debe escribir una versión resumida de la misma. En primer lugar, comience con la experiencia que desea que tengan sus prospectos y luego escriba la experiencia que desea que tengan como clientes.

No exagere demasiado el proceso y mantenga las descripciones nítidas y cortas. No se excedas con nada. Recuerde que solo elige el destino aquí y no hace el plan. Todo lo que necesita hacer es anotar algunas cosas importantes que aspira a tener como resultado de su seguimiento de marketing. Puede pensarlo como su declaración de misión. Cuando haya escrito todo y esté satisfecho de que esto es exactamente lo que desea que experimenten, es hora de que avance al siguiente paso.

Paso 3 – Averigüe lo que va a Hacer en el Camino a su Destino

Necesita pasar un tiempo en este paso y considerar qué es exactamente lo que quiere que haga su seguimiento por usted. ¿Quiere que aumente sus referencias? ¿O quiere establecer confianza? Hay tantas cosas que puede intentar hacer y algunas de ellas se mencionan a continuación –

- Incrementar el seguimiento de las redes sociales
- Aumentar las visitas repetidas
- Acortar el ciclo de compra
- Reducir los reembolsos
- Crear reseñas y testimonios
- Aumentar la frecuencia de los pedidos
- Convertir a sus clientes en evangelistas
- Posicionarse como el mejor de la industria
- Aumentar el compromiso

- Proporcionar una descripción completa de las opciones de productos disponibles
- Desarrollar una comunidad
- Educarlos en la industria en general
- Aumentar la frecuencia de los pedidos y así sucesivamente.

Este es solo un ejemplo de una lista de deseos. Sus objetivos pueden ser cualquier cosa. No piense en lo que es factible o realista porque eso limitará sus oportunidades. Simplemente escriba todas las ideas que está teniendo. Una vez hecho esto, debe separar los objetivos en partes: preventa, es decir, prospectos y postventa, es decir, el cliente. Luego, organice sus objetivos en orden cronológico.

Paso 4 – Descubra el "Cómo"

Ahora que ha descubierto lo que desea de sus correos electrónicos de seguimiento, es hora de que cree un plan adecuado sobre cómo desea hacerlo. Por ejemplo, si desea aumentar la participación, puede hacerlo incentivando a los seguidores de las redes sociales o escribiendo entradas en el blog. Aquí es donde tienes que hacer una lluvia de ideas sobre varias ideas para alcanzar sus objetivos.

Paso 5 – Junte Todas las Piezas

En este paso, debe reunir todos los datos que tiene. Esto significa que realmente va a diseñar la secuencia ahora. Sí, habrá falsos comienzos y es posible que se sienta perdido también, pero no se rinda. Esto es casi como armar un rompecabezas y tiene que seguir uniendo las piezas hasta que obtenga una imagen más grande. Esto también lo ayudará a consolidar su relación con sus prospectos y clientes. Pero debe recordar que puede guardar los detalles para más adelante, por ejemplo, no tiene que perder el tiempo pensando en sus líneas de asunto ahora. Todo lo que se puede hacer después. Todo lo que tiene que hacer es garabatear todo el proceso, que hasta ahora solo estaba en su mente. Algunos de los objetivos que debe establecer con la ayuda de su secuencia son los siguientes –

- Posicionarse como uno de los principales líderes del mercado
- Cultivar una relación y establecer una base sólida de confianza
- Crear una imagen en la que se te retrate como diferente y único de otros en la industria
- Impartir valor a través de cada palabra del seguimiento
- Comunicar el valor adecuadamente
- Educar al prospecto con todos los detalles necesarios para que llegar a una decisión no parezca difícil

Pero para que su prospecto entienda su mensaje central de marketing, es posible que deba ser un poco repetitivo porque los prospectos a menudo no prestan suficiente atención.

Paso 6 – Haga el Plan

Es hora de que la pelota ruede si está satisfecho con todo el diseño y las ideas que ha creado hasta ahora. Pero hay varias cosas más que puede necesitar hacer y esto incluye crear informes y correos electrónicos gratuitos o hacer un diseño gráfico. Lo que puede hacer es tomar la ayuda de alguna aplicación de gestión de proyectos y todas estas tareas serán más fáciles.

¿Cómo Crear un Sistema de Seguimiento Manual?

Paso 1 – Ordenar las Cosas

Al igual que la estrategia de seguimiento automatizada, debe resolver varias cosas. Por ejemplo, necesita investigar sobre las habilidades de prospecto y luego ver cómo puede darle un buen uso.

Paso 2 – Edificación

Si es la primera vez que estructura una estrategia de seguimiento manual, siempre es bueno contar con la ayuda de un mentor que ya haya pasado por todo esto y esté al tanto de cualquier obstáculo que pueda surgir. Por ejemplo, si realiza el seguimiento manual conociendo al prospecto o al cliente, puede llevar a su mentor con usted para que pueda ayudarlo a aumentar la tasa de conversión. Además, aprenderá al verlo hablar con el prospecto o cliente.

Pero también debe tener algo en mente. Si ha decidido que va a llevar a alguien con usted cuando se encuentre con su prospecto, también debe informarle a su prospecto antes de arrastrar a un completo desconocido allí. También puede solidificar la confianza al mencionar algunos de los logros de su mentor a su prospecto. Si está haciendo todo el proceso en una llamada telefónica, puede hacer una llamada tripartita para que su mentor pueda unirse.

La edificación es el proceso de construir una red de apoyo al resaltar los logros que los miembros de su equipo han adquirido.

Paso 3 – No Olvide lo que Está Vendiendo

Debe recordar que sus prospectos prestan atención a la parte en la que explica cómo puede resolver sus problemas. El resto de las cosas que usted dice, incluido qué tan bueno es el plan de compensación o la calidad de sus productos, generalmente pasan desapercibidas. No debe pensar que las perspectivas solo se centran en el dinero extra porque no lo son. Sí, puede usar el dinero de una manera diferente. Puede indicar las diversas formas en que el dinero puede resolver los problemas de su prospecto.

Paso 4 – Cerrar el Trato

Esta es definitivamente la parte más importante de toda la estrategia de seguimiento. Si está llamando al prospecto, vaya al punto y pregúntele de inmediato de esta manera: "Oye, llamé para saber si tienes tiempo para revisar la información que te di la última vez". Si dicen que la han visto, entonces es hora de que haga la mejor impresión al resaltar todos los aspectos positivos. Pero si dicen que no lo han visto, entonces probablemente sea porque no están muy interesados en su propuesta. Pero incluso entonces, puede darle una última oportunidad haciendo las preguntas correctas y recordando a los prospectos sobre sus puntos débiles y cómo se puede resolver todo eso si se unen a usted. Recuerde que la información es un aspecto muy poderoso de un seguimiento y debe usarla sabiamente.

Saber Cuándo Parar el Seguimiento

¿Su prospecto no le ha estado respondiendo durante bastante tiempo? ¿Usted está confundido acerca de si debe dejar de seguir con ellos o no? Entonces ha venido al lugar correcto porque, en esta sección, discutimos todo sobre cuándo debe dejar de seguir a sus prospectos o clientes. Esto también es algo importante porque definitivamente no desea perder su tiempo en algo que no le dará ningún resultado.

Esta sección no trata sobre cuándo su prospecto no responde durante un par de días. ¡Se trata de cuando su prospecto no le responde en una semana! Bueno, para empezar, si un prospecto no tiene experiencia o es demasiado grosero y se comporta de una manera insultante, entonces definitivamente debe considerar a esa persona en su lista de descalificados y no hacer ningún contacto adicional.

¿Pero qué hay de los demás? Probablemente no pueda marcar a todos los que no respondan como descalificados, ¿verdad? Ahora, el tiempo durante el cual debe hacer un seguimiento con un prospecto depende de muchas cosas. Para empezar, si su prospecto es agudo y tiene una fuerte sensación de que le beneficiaría tenerlo a bordo, definitivamente continúe haciendo un seguimiento por un período de tiempo más largo, incluso si no responde. Esto se debe a que puedes hacer eso por alguien con quien realmente le gustaría trabajar o alguien que definitivamente está hecho para esta industria. Pero si no responden en absoluto, en algún momento, debe detenerse.

Si, por ejemplo, ha enviado 7 a 10 correos electrónicos sin ninguna respuesta, puede ver claramente que su prospecto no está interesado, de lo contrario le habrían enviado al menos una respuesta (afirmativa o no). No, este no es un número fijo. También puede tomar su decisión después de 5 correos electrónicos, ya que depende de usted cuánto tiempo desea dar para buscar una pista, pero 5 deberían ser suficientes para emitir un juicio. Incluso si sus correos electrónicos no reciben respuesta, debe intentar retener la buena voluntad al no ser demasiado molesto.

Si ve que perseguir a los prospectos que no tienen tanto potencial está obstaculizando su tiempo y energía para perseguir a los prospectos que tienen el potencial que está buscando, entonces debe dejar de seguir a los antiguos prospectos de inmediato. Pero si tiene algo de tiempo extra a mano, entonces no hay daño en hacer un esfuerzo adicional porque es usted quien obtendrá los beneficios más adelante.

Otro punto a tener en cuenta es que si su prospecto está haciendo algunas demandas poco realistas, entonces también es un factor decisivo. Por lo general, surgen demandas poco realistas porque el prospecto no conoce el funcionamiento de la industria o no tiene ninguna intención de trabajar con usted en primer lugar.

Capítulo 9: Construyendo una Línea Descendente Efectiva

Cuando patrocina a otras personas a través de su red MLM, esas personas se convierten en su línea descendente. Pero, ¿cuál es su beneficio en todo esto? Obtendrá una cierta porción de los ingresos financieros con la ayuda de las ventas que estas personas, que están alistadas por usted, están haciendo. Pero para que todo esto suceda, primero debe crear una línea descendente efectiva. Puede parecerle fácil ahora, pero se necesita un esfuerzo persistente para encontrar personas motivadas. Entonces, aquí hay 10 consejos que puede seguir para construir una línea descendente efectiva.

Encontrar Perspectivas para su Línea Descendente

Si desea aumentar su cheque de comisión, definitivamente necesita aumentar su equipo y eso comienza con la búsqueda de los prospectos. Ahora se estará preguntando cómo puede encontrarlos. Bueno, así es como puede hacer eso. Lo primero que debe hacer es unirse a algunos grupos locales de mercadeo en red. También debe trabajar para obtener referencias. Para esto, debe maximizar los contactos que tiene y también aprovechar sus relaciones para obtener los mejores resultados. Además de esto, debe aprender cómo puede usar las herramientas a su disposición de la mejor manera posible.

También puede asistir a exposiciones y hacer un stand allí. Pero debe reservar su posición y luego planificar con anticipación para esto. Puede dar muestras y también deslizar sus tarjetas de visita a personas que cree que pueden ser prospectos. Pero lo más importante, mire a las personas que le rodean. Un prospecto puede ser cualquiera. Todo lo que tiene que hacer es hablar con ellos, hacerles las preguntas correctas, responder sus preguntas y hacer que se interesen en este nuevo esfuerzo.

Comprometerse con su Posible Línea Descendente

Su próximo paso es utilizar ciertas estrategias para comprometerse con su posible línea descendente. Para esto, debe estudiar el arte de cómo puede abordar las perspectivas y lo que generalmente funciona mejor. Pero esto no significa que haya un estándar de enfoque. No existe un estándar como tal, pero debe tener en cuenta que no puede dejar que el prospecto se aburra o no puede asustarlos con demasiada jerga. Tiene que hacer que su presentación sea atractiva. No empiece con el concepto de ganar dinero. Primero debe comprender a la persona y luego pensar cómo puede aterrizar el tema de MLM frente a él/ella. Todo esto se ha descrito en detalle en el Capítulo 6.

Pero debe tener en cuenta que si se está acercando a un extraño, primero debe establecer una relación como amigo antes de perder la oportunidad de negocio, pero al mismo tiempo, no arrastre la conversación durante demasiado tiempo antes de revelar su motivo de construir una línea descendente.

Calificar su Línea Descendente para Encontrar los Mejores Miembros del Equipo

También debe tener en cuenta que no todos los prospectos son iguales y, por lo tanto, debe calificar su línea descendente si desea construir un equipo fuerte. Si rechaza su solicitud de encontrar nuevos prospectos públicamente en las redes sociales, podría traerle muchos prospectos, pero la mayoría de ellos no le serán de utilidad. Pero esto no significa que esté desalentando la práctica, ya que las redes sociales también pueden brindarle un par de buenas pistas. Construir una línea descendente de calidad no se trata solo de enviar invitaciones y luego ver quién está interesado. Debe elegir cuidadosamente quién debe acercarse para poder obtener algunas buenas comisiones. Si desea un equipo profundamente arraigado, tres cosas que los miembros deberían tener son educación suficiente sobre la industria, un sentimiento de empoderamiento y el nivel adecuado de compromiso.

Si su línea descendente pierde su entusiasmo rápidamente o no sabe cómo hacer ventas, entonces no le beneficiará de ninguna manera. Tener un equipo así es solo una pérdida de tiempo. Por lo tanto, debe dedicar tiempo a calificar su línea descendente para obtener mejores resultados en el futuro.

La Importancia del Liderazgo Basado en el Servicio

La idea central de ser un líder es mantener y sostener relaciones y dirigir a todos hacia una meta progresiva. El objetivo principal del liderazgo basado en el servicio es liderar a otros con el motivo de prestar servicio a otros. Esto incluye accionistas, empleados y miembros. Este enfoque se fomenta en el caso del mercadeo en red, especialmente porque este negocio consiste en mantener relaciones adecuadas y estables y, con la ayuda de liderazgos basados en servicios, formar relaciones se convierte en un proceso natural.

Cuando se practica este tipo de liderazgo, generalmente hay un flujo abierto de ideas que aumenta los niveles de productividad y, en consecuencia, también las ventas. Otro factor que funciona aquí es que el prestigio no se adquiere por títulos o posiciones, sino por trabajo, contribución y rendimiento. El objetivo común se cumple ya que todos los empleados se concentran en lograrlo. Culpar a otros no tiene importancia y resolver el problema en cuestión obtiene todo el énfasis que debería. Por lo tanto, no se desperdicia energía en el procesamiento de quejas y reclamos. Pero para practicar esto, debe dedicar una cantidad considerable de tiempo a conocer a cada persona en su línea descendente y cumplir con todos los compromisos y promesas que hizo.

"Sea un Líder, No un Jefe"

Que es usted ¿Un jefe o un líder? Esta pregunta es muy importante para preguntarse si desea mantener buenas relaciones con sus prospectos. Si quiere ser un líder, debe alentar a su equipo y enseñarles todas las habilidades necesarias. Pero si solo fomenta las críticas para poder proteger sus propios intereses, entonces usted es solo un jefe. Si es un líder, enfrentará muchos menos desafíos con su línea descendente. Un jefe es una persona que generalmente prefiere estar al margen y no en el campo. Pero si quiere ser un líder, entonces debe estar allí con su equipo liderando y mostrándoles el camino.

Si usted es un líder, entonces su equipo estará empoderado e inspirado y le seguirá con mucho gusto. Pero su misión debería ser algo que todos deberían entender. No debería simplemente darles una lista de tareas sin ningún contexto porque no se sentirán motivados para terminar eso.

Aprenda a Administrar su Tiempo

Debe aprender a administrar su tiempo sabiamente si desea construir una línea descendente efectiva. Esto se debe a que debe dedicar un tiempo para orientar su línea descendente y enseñarles todas las tácticas que ha aprendido a través de su propia experiencia. Una tutoría adecuada ayudará a su línea descendente a realizar más ventas y, en última instancia, obtendrá más comisiones. Tendrá una agenda ocupada si planea iniciar un negocio de mercadeo en red y es por eso que necesita desarrollar tácticas efectivas de gestión del tiempo para manejar todo de manera eficiente.

Tiene que ver en qué áreas pasa la mayor parte de tu tiempo. Haga una lista y luego descubra si su energía y tiempo se están gastando en las áreas equivocadas que no le están dando ningún resultado. Y así es como debe administrar su tiempo para poder construir una línea descendente fuerte.

Manténgase Constante en su Liderazgo

Si no sabe qué le ayuda a mantenerse constante, nunca podrá ser un vendedor de red exitoso. También debe ser coherente con su liderazgo. Si se ha comprometido a hacer algo, planifíquelo y complételo. Deje de posponer las cosas. Una de las razones por las cuales las personas postergan y no se embarcan en una actividad en la que pensaban antes es porque piensan que no son lo suficientemente buenos para ello, lo que significa baja autoestima. Siempre que se encuentre en tal situación, debe recordar que nadie va a hacer su tarea por usted. Tiene que hacerlo usted mismo, por lo que debe levantarte y hacer el trabajo.

Deje de establecer objetivos inalcanzables o poco realistas. Debe establecer metas que pueda alcanzar porque cuando logre estas metas, automáticamente se sentirá motivado para ser más productivo. Todas las mini victorias en su camino hacia su objetivo final aumentarán su confianza en sí mismo y esto exactamente lo convertirá en el líder perfecto que su línea descendente admirará.

Mantenga Abierta las Líneas de Comunicación

Como debe haberlo escuchado miles de veces, la comunicación es la clave del mercadeo en red. Cuanto antes usted entienda esto, mejor. Necesita educar a sus prospectos y escuchar todo lo que tienen que decir o preguntar porque solo entonces puede construir una buena línea descendente. Además, un sentido de pertenencia es lo que todos aman y hay que aprender a darles eso. Todo el mundo quiere sentirse importante y hacerlo también te dará buenas perspectivas. Una de las cosas que debe hacer es revisar su informe de línea descendente de vez en cuando porque eso lo ayudará a reconocer quién está activo y quién no.

Es su tarea comunicarse con todos los miembros semanalmente porque esto los promoverá a ser más activos. Si alguien está patrocinando activamente a nuevos clientes, entonces debe tener eso en cuenta y mantener sus líneas de comunicación abiertas para esa persona en todo momento. Independientemente de los miembros activos e inactivos, siempre debe enviar un mensaje semanal. Estos pueden ser algunos pensamientos para la semana, consejos de capacitación, negocios actualizados o algún concurso que mantendrá la línea descendente funcionando.

Anime a su Línea Descendente a Aprovechar sus Fortalezas

Motivar su línea descendente es muy similar a publicar blogs. Debe ser coherente para que tenga algún impacto. Siempre recuerde, para su línea descendente, usted es la línea ascendente y ellos se inspiran en usted. Entonces, si les dice cómo deben aprovechar sus fortalezas, lo harán. Usted es su mentor e ídolo. Entonces, lo primero que debe hacer es reconocer sus esfuerzos. Se sentirán especiales y más motivados para producir tales resultados de manera consistente. Debe recordar que cada registro en su negocio es digno de una celebración, por lo que cada vez que alguien en su línea descendente traiga a alguien, debe celebrarlo.

Debe señalar las fortalezas de su línea descendente y mostrarles cómo pueden aprovecharla. Para esto, puede llevar a cabo algunos seminarios o reuniones donde puede enseñarles nuevas tácticas cada semana. Debe comprender que todos en su línea descendente tienen algo especial y que es diferente para todos, así que no establezca sus expectativas demasiado altas.

Entrene, Inspire y Motive

Es imperativo que pase tiempo y energía perfeccionando las habilidades de su línea descendente. Es por eso que "entrenar, inspirar y motivar" debería ser su mantra. Puede o no ser fácil para usted, pero de cualquier manera, lo importante es que necesita comprender la importancia de la capacitación. En el momento en que toma la delantera sobre su equipo, sentirá una alegría que es muy gratificante. El éxito de su negocio de mercadeo en red depende completamente del trabajo en equipo y, por lo tanto, debe crear un frenesí de entusiasmo y entusiasmo para mantener a su equipo trabajando.

Nunca olvide que está formando un equipo y que todo esto no se trata de usted sino de otros en su equipo también. Debe apartarse de sí mismo y ayudar a todos en su línea descendente a lograr sus objetivos. Pero sí, inicialmente a las personas en su línea descendente puede resultarles difícil creer que alguien realmente los esté ayudando y no presente ningún clickbait. Por lo tanto, debe mantener la calma y seguir inspirándolos porque llegará un momento en que comprenderán que es un proceso bidireccional y que hacerlos exitosos, a su vez, lo ayudará a lograr su objetivo final.

Capítulo 10: Manejo del Rechazo como un Profesional

Todos tienen una tendencia natural a querer que a otros les gusten, pero esto no sucede en todo momento. A veces, las personas pueden no estar de acuerdo con usted y no hay nada que pueda hacer al respecto. La mayoría de los vendedores en red lo toman como algo personal cada vez que alguien rechaza la idea que ha propuesto. Pero debe tener en cuenta que siempre que quiera tener éxito en algunos negocios, sin importar de qué negocio se trate, se enfrentará al rechazo varias veces. Y por lo tanto, es imperativo que reconozca que el rechazo es solo una parte del negocio. El mundo no llegará a su fin si una perspectiva ha rechazado su propuesta.

Es cierto que nadie se siente realmente cómodo siendo rechazado. Solo se convierten en profesionales en el manejo para que el rechazo no afecte su mentalidad empresarial. Tiene que hacer lo mismo también. Es parte de la fórmula del éxito. Y aquí hay algunos consejos para usted que le darán una idea de cómo puede manejar el rechazo.

Desprenderse del Resultado Incluso Antes de Comenzar

Cuando usted se apega demasiado a su trabajo, definitivamente juega un papel importante en el enmarcado de su identidad y todo esto definitivamente no es algo malo, siempre y cuando sea positivo. Pero cuando usted es demasiado dependiente del resultado emocionalmente y si no logra ese resultado de alguna manera, entonces todo su enfoque podría romperse. Por lo tanto, para evitar que eso suceda, debe separarse del resultado antes de comenzar. Esto lo llevará a través de su viaje de mercadeo en red.

Puede o no lograr todos los objetivos que había establecido previamente y no hay nada de malo en eso. No debe pensar en sí mismo como un fracaso total solo porque no pudo alcanzar sus objetivos, pero eso es lo que hace la mayoría de la gente. Pero también debe saber que la mayoría de las personas que han tenido éxito en el mundo del mercadeo en red han perdido sus objetivos muchas veces más de lo que los han logrado. Pero nunca se rindieron. Aprendieron de los errores que cometieron y se les ocurrió un plan mejor y eso es exactamente lo que debe hacer.

Cuando se separe de los resultados, se sentirá seguro. Dejará de sentir la necesidad de controlar todo. A veces, las cosas simplemente no están bajo su control. Entonces, debe mantener su fe en sus habilidades y seguir dando lo mejor de sí mismo. Al final, las cosas encajarán e incluso si no lo hacen, sabrá que al menos lo intentó. Pero todo esto no significa que no deba tener expectativas y sueños. Debe tenerlos, pero también debe saber que el fracaso puede llegar a usted y es natural.

Considere Preguntar Por Qué Rechazaron su Oferta

Debe tratar cada rechazo en su carrera en mercadeo en red como una experiencia de aprendizaje. Estas experiencias son las que lo ayudarán en el futuro a tomar mejores decisiones. Pero para eso, el primer paso es pedir una aclaración de por qué el prospecto rechazó su oferta. Esto le dará una razón clara sobre cómo el prospecto está viendo su oferta y por qué pensaron que no era suficiente. En este paso, debe averiguar por qué fue rechazado en primer lugar para poder tomar los pasos necesarios en consecuencia.

Una de las formas más comunes de preguntar es directamente: "Si no te importa, ¿puedes explicar por qué dijiste que no?" No hay nada de malo en preguntar esto. También podría preguntar qué podría haber hecho si no fuera eso. Otra cosa que puede preguntar a sus prospectos es dónde creen que puede mejorar. Cuando reciba las respuestas a estas preguntas, debe tenerlas en cuenta. Esto servirá como una forma extremadamente valiosa de retroalimentación para usted. De hecho, puede hacer más preguntas si lo desea. Las tres preguntas que he mencionado aquí no son las únicas que puede hacer.

Hacer estas preguntas es necesario porque le darán más claridad y mayor claridad, más información tendrá que avanzar en el futuro. Incluso puede aprender un nuevo ángulo o algo nuevo a partir de la retroalimentación dada por el prospecto, especialmente si es solo un principiante. Por lo tanto, preguntar por qué lo rechazaron podría darle un conocimiento que ni siquiera sabía. Además, alguien que acaba de rechazarle será brutalmente honesto con usted, a diferencia de otros que podrían estar endulzando cosas.

Absténgase de Invertir su Emoción en Ello

Cuando pasa la mayor parte de su día construyendo algo, el rechazo definitivamente golpea duro y es bastante difícil no apegarse a algo que ha estado haciendo con tanto amor y pasión. Pero sus prospectos no siempre verán todo esto desde sus ojos y siempre tendrán sus propias opiniones que pueden ser duras. Inmediatamente pueden rechazar lo que ha construido y propuesto. Y esto no solo le está sucediendo a usted, sino que también le sucede a los mejores.

¿Sabe cuál es la clave para manejar el rechazo como un profesional? Está dominando el arte de abstenerse de invertir sus emociones en su trabajo. Debe mantener la mente abierta y ver el rechazo como una oportunidad. Durante este rechazo, se le presentarán varias ideas nuevas que puede incorporar solo si sabe cómo aceptar el rechazo. También debe comprender que la perfección está sobrevalorada. Intente rendir al máximo en lo que sea que haga en lugar de perseguir el perfeccionismo. La gente a menudo trata de evadir la desaprobación con el pretexto de ser un perfeccionista.

Nunca te confunda entre el rechazo y la autoestima, aunque la gente tiende a hacer esto. Cuando alguien rechaza su propuesta, ¿empieza a pensar que de alguna manera se ha rechazado como persona? Ese es el tipo de pensamiento que necesita cambiar. Nunca piense que la opinión de alguien sobre su proyecto es una opinión que están infligiendo después de verle. Las personas a menudo enfrentan una caída repentina en sus niveles de emoción positiva solo porque alguien ha rechazado su propuesta. Pero cuando deja de invertir sus emociones en algo, no enfrentará estos episodios de negatividad cada vez que se enfrentes al rechazo.

No Mire el Rechazo como un Medio para un Fin

¿Se destroza por completo cuando te enfrenta al rechazo? Entonces debe comenzar a verlo de manera diferente porque su mentalidad está causando todos los problemas en su vida. Algunas personas piensan que cuando son rechazadas, no tienen ningún valor y que siempre toman malas decisiones o que son estúpidas. Pero si considera que el rechazo es algo así, entonces así es como afectará su vida. En el momento en que comience a sacar las cosas positivas del rechazo, mejor se sentirá.

Si va a estar en el mercadeo en red a largo plazo y si se toma en serio que va a hacer esto de la manera correcta, entonces necesita aclarar una cosa: el rechazo es solo un tipo de mecanismo de clasificación. Es una segregación que hacen los prospectos para ver quién está listo y quién no. No significa un final. Simplemente significa que usted tiene que corregir sus defectos y esforzarse más. Pero si se deprime y comienza a pensar que no está funcionando para usted, nunca podrá lograr el éxito en el mundo del mercadeo en red. Debe entender que no todo se trata de usted, así que no lo enmarque para que sea algo así.

También debe comprender el hecho de que no puede dejar de hacer algo solo porque se enfrentó al rechazo. Mientras más gente hable con usted, más experiencia obtendrá. Y en el mercadeo en red, cuanto más experiencia tenga, mejor será su desempeño. Por lo tanto, si lo piensa con la mente tranquila, comprenderá la cantidad de "No" que está obteniendo en realidad lo está ayudando a alcanzar ese "Sí" definitivo.

Manejar el Rechazo con Equilibrio, Gracia e Integridad

Si desea aceptar el rechazo con gracia, lo primero que debe hacer es aceptarlo. La primera respuesta que tienen la mayoría de los vendedores es que intentan negar su rechazo por completo. Algunas personas incluso podrían tratar de lanzar el rechazo a otra persona. Así no es como se hace. No debe permitirse la autocompasión ni culpar a otros por su rechazo porque eso no es elegante y, sobre todo, eso no es correcto.

Una de las primeras cosas que debe mantener como un buen vendedor de la red es su integridad y, para hacerlo, debe aceptar gentilmente el hecho de que ha sido rechazado y debe hacerlo con la dignidad adecuada. No debe perder el tiempo pensando en el hecho de si el rechazo estaba justificado o no porque ese no es su trabajo. Lo que debe hacer es aprender del rechazo y seguir adelante. Esta es la única forma en que puede avanzar y aprender de sus acciones pasadas.

También necesita mantener la tranquilidad y la calma. Necesita mantenerse recogido y compuesto. No puede responder de manera irracional, hiriente o negativa porque eso va a arruinar su reputación como vendedor de la red. Cuando da una respuesta negativa a un rechazo, lo más probable es que las posibilidades de un buen resultado en el futuro sean aún más escasas. Mientras más calma permanezca, más control tendrá sobre la situación en cuestión. Todo esto mejorará sus niveles de autoconfianza, confianza y, en consecuencia, lo empujará hacia adelante.

Asegúrese de Respetarte a Sí Mismo

Necesita mantener su ánimo incluso si fue rechazado. No puede permitirse el lujo de entrar en un ciclo de autodesprecio porque eso es exactamente lo que provocará su caída. Siempre debe respetarse a sí mismo porque está haciendo lo mejor que puede. Entonces, ¿cuál es la solución? La mejor manera de mostrarte respeto a sí mismo sería entablar un diálogo interno. La respuesta natural que tiene la mayoría de las personas es que simplemente quieren criticarse a sí mismas por todo lo que sucedió, pero eso no los llevará a ninguna parte.

No caiga en la trampa de culparse y faltarle el respeto o golpearse solo porque se enfrentó a un rechazo. Nunca es útil comportarse de esta manera. Lo que debe hacer es comenzar a involucrarse en una forma de pensar que le brindará soluciones en lugar de empujarlo a un ciclo de negatividad. Debe trabajar para ajustar su enfoque la próxima vez que visite a un prospecto y luego ver qué diferencia hace en su negocio. También puede intentar ver toda la situación desde una perspectiva en tercera persona. No haga suposiciones ni piense en todas las cosas que le habría dicho a un amigo si se hubiera enfrentado al rechazo en su negocio.

Es cierto que cuando es rechazado, su cerebro le pedirá que pase mucho tiempo buscando respuestas a sus preguntas. Pero no piense demasiado o no pase demasiado tiempo en algo que no le dará ningún resultado fructífero. Todos los consejos que se han mencionado en este capítulo son de mi propia experiencia y espero que también lo ayuden. No se puede hacer algo similar cada vez y sin embargo querer ver un resultado diferente cada vez. Por lo tanto, debe aplicar diferentes estrategias y ver qué se aplica a usted y qué no. Lluvia de ideas para encontrar ideas nuevas y creativas todos los días. Arriésguese todos los días y presente sus ideas a nuevos prospectos porque así es como dominará el arte de manejar el rechazo.

Capítulo 11: ¿Por Qué Algunas Personas No Ganan Dinero?

¿Usted es alguien que se pregunta por qué no está ganando suficiente dinero con el mercadeo en red? Bueno, entonces ha venido al lugar correcto porque hoy vamos a discutir lo mismo. Hay una gama bastante alta de tasas de fracaso en esta industria y esta falla depende de una variedad de factores. Entonces, este capítulo le dará una idea de los errores que cometen las personas y cómo obstaculiza sus negocios. Una vez que conozca los errores, debe intentar evitarlos a toda costa.

No Tienen Suficiente Enfoque

¿Le apasiona lo que está haciendo? ¿Realmente ama el mercadeo en red o simplemente usted se unió porque vió a otros haciéndolo? La falta de enfoque generalmente está presente porque las personas no son conscientes de lo que quieren y, por lo tanto, terminan haciendo casi cualquier cosa que ven y encuentran emocionante. La respuesta habitual que verá las personas dando es que quieren ganar más dinero y es por eso que comenzaron el mercadeo en red. Sí, ser rico y obtener un ingreso extra es definitivamente una de las razones por las cuales las personas se unen al mercadeo en red, pero esa no es la única cosa que debería impulsarlo. Debe tener su propia voluntad, de lo contrario, su enfoque siempre estará en otro lugar.

En primer lugar, siempre debe recordarse por qué comenzó con el mercadeo en red. Todos tienen sus propias razones, pero recordarlas de vez en cuando le ayudará a mantenerse en el camino correcto. Habrá varias distracciones en el camino, pero no puede permitirse el lujo de desviarse si desea llegar a la cima de la escalera.

No Tienen las Habilidades de Marketing Adecuadas

Necesita desarrollar sus habilidades de marketing. No surgirán de la nada. Tienes que seguir practicando todos los días con sus prospectos. ¿Cree usted que el mejor café del mundo está disponible en Starbucks? ¡Por supuesto que no! Pero entonces, ¿por qué la gente está tan loca por ellos? Porque tienen una excelente estrategia de marketing que les ha ayudado a construir su marca y los ha colocado en el peldaño más alto de la escalera. Lo mismo se aplica a usted también. Si no domina las habilidades necesarias para el mercadeo en red, no puede esperar los resultados con los que sueña.

Si recién está comenzando, debería consultar algunos ejemplos de marketing que la gente ha seguido y que han obtenido buenos resultados. Cuando es un principiante, no es aconsejable inventar una estrategia desde cero porque no tiene la experiencia para hacerlo. Por lo tanto, seguir un plan que ya ha demostrado ser efectivo ayudará a aumentar su confianza. También debe asistir a eventos y otros seminarios donde puede obtener acceso al mejor conocimiento del mercado en términos de las últimas estrategias.

Carecen de Habilidades de Liderazgo

Usted debe ser un líder fuerte si quiere ser un profesional de mercadeo en red. Algunas personas no entienden esto y terminan sin ganar dinero. Cuando esté prospectando en una etapa temprana de su carrera, no tenga la mentalidad de que no tiene que trabajar en sus habilidades de liderazgo solo porque no tiene a nadie para ser un líder en este momento. Esto no es verdad. Sus cualidades de liderazgo deben ser visibles desde el primer día. Estas cualidades lo ayudarán a atraer los prospectos correctos.

Una de las cosas en las que tiene que trabajar si quiere ser un buen líder es que necesita tener una visión sólida. ¿Cuáles son los objetivos en su vida? Cuando está imaginando algo, sus objetivos y su visión deben estar en la alineación adecuada porque solo así puede sentirte motivado para ser un líder para los demás. También debe poseer la calidad necesaria para articular su visión. Necesita ser un excelente narrador de historias. Practique esto con alguien que conozca antes de decirle eso a un prospecto. También debe dar un ejemplo a su línea descendente si desea liderarlos correctamente. Es por eso que debes ser un excelente vendedor.

No Tenían Suficiente Preparación

Esta es otra de las principales razones por las cuales las personas no pueden lograr el éxito que soñaron. Los principiantes a menudo no tienen la preparación suficiente para caminar en el camino del mercadeo en red. Cuando las personas llegan a conocer el mercadeo en red, solo piensan en comenzar. Están tan emocionados que no les importa ninguna forma de capacitación o conocimiento en este campo antes de simplemente saltar. Pero lo que no entienden es que el MLM involucra muchas cosas de las que simplemente no son conscientes.

Si desea sobresalir en el negocio del mercadeo en red, es muy importante dedicar suficiente tiempo a la capacitación. Sí, usted me ha escuchado bien. Debe aprender cómo puede ejecutar un negocio en casa y también debe conocer otros aspectos del sistema en sí. Por ejemplo, si va a hablar con un prospecto por primera vez, debe comprender todas las cosas que tiene que decir y también debe saber las cosas que tiene que decir. Las personas siguen quejándose de que no están ganando con el mercadeo en red, pero de lo que no se dan cuenta es que, en primer lugar, no tenían suficiente conocimiento para ganar dinero. Debe estar listo para dedicar su tiempo a aprender primero y luego ejecutarlo en el campo real.

Están Gastando Demasiado Tiempo en las Actividades Equivocadas

Tengo gente quejándose de que el mercadeo en red no les está trayendo el dinero que les prometieron antes. Pero, ¿ha tomado algo de tiempo de su horario diario para hacer algo al respecto? La mayoría de las veces, esta respuesta es no. Las personas no están listas para poner el esfuerzo, pero quieren cosechar los resultados. ¿Cómo puede esperar que esto suceda? Si alguna actividad en la que pasa tiempo todos los días no contribuye a nada relacionado con sus ingresos, entonces pasar tiempo en esa actividad es un desperdicio total.

Un ejemplo de una actividad que no genera ingresos es desplazarse por Facebook sin cesar. Esta es una de las cosas más adictivas, pero también debe recordar que pasar el tiempo en redes sociales con fines comerciales es diferente, pero hacerlo solo por pasar el tiempo hará que su empresa caiga. Por otro lado, si pasa más tiempo hablando con otros que han estado aquí antes que usted o si comienza a hacer un cuestionario para sus prospectos, entonces está haciendo algo que es productivo. Necesita dividir su día sabiamente. Prométase que va a pasar el 20% de su tiempo en su propio tiempo libre y el 80% del tiempo en actividades que te traerán ingresos.

No Consiguieron un Buen Mentor

Como ya he mencionado esto antes, lo digo nuevamente, un buen mentor puede ayudarle de varias maneras si está comenzando el mercadeo en red. Su mentor puede ser alguien que forme parte de su línea ascendente. Cuando atraviese tiempos difíciles, su mentor es el que le ayudará a navegar en esos momentos. Él/ella lo ayudará a hacer los ajustes necesarios. Pero también debe elegir a su mentor después de pensarlo bien. No debe elegir a alguien simplemente porque se siente cómodo con él. Su mentor debe tener una historia de éxito en su carrera en mercadeo en red también.

También debería ver otras cosas, por ejemplo, si enfrenta algunos obstáculos importantes, entonces debe encontrar un mentor que haya enfrentado los mismos obstáculos porque esto garantizará que obtenga el consejo correcto. Dado que un mentor es una persona de la que va a buscar comentarios valiosos, asegúrese de que su mentor esté realmente interesado en verlo triunfar. Un mal mentor definitivamente puede conducir a la caída de su negocio.

No Tenían Habilidades de Buena Gente

El mercadeo en red se trata de interactuar con otros y, por lo tanto, también debe repasar las habilidades de su gente. Debe tener confianza cuando habla y debe ser el que lidere la conversación. Incluso si su perspectiva es alguien que es bastante inteligente, nunca debe sentirse intimidado. Sus habilidades con las personas son algo que determina si podrá cerrar el trato o no. El primer lugar donde las habilidades de tu gente serán testículos es la primera vez que conoce a un prospecto porque ahí es donde necesita comunicar sus ideas de la mejor manera posible para que su prospecto esté convencido de decir que sí.

Si está pensando que desarrollar las habilidades de su gente es algo que le llevará para siempre o será demasiado difícil, entonces está equivocado. Todo lo que necesita hacer es aceptar que no es perfecto y que necesita trabajar para mejorar sus habilidades y la mitad de la tarea ya estará hecha. El primer paso es escuchar con intención y luego hablar. Debe tener un interés genuino en la persona con la que está hablando. Solo entonces esa persona sentirá que usted quiere que hagan el bien y es por eso que les está sugiriendo algo que le ayudará a obtener ganancias.

No Salieron de su Zona de Confort

Si usted solo es un principiante en el mercadeo en red, entonces salir de su zona de confort es algo que definitivamente tendrá que hacer. Tendrá que aprender cosas que probablemente no escuchó antes y luego también debe dominar esas habilidades. Como todo lo que hace por primera vez, subir la escalera del éxito en MLM también requerirá que salga de su zona de confort. Esto definitivamente puede ser difícil y desafiante, pero también es algo que diferencia entre el fracaso y el éxito. Si desea crecer, tanto financiera como personalmente, es imprescindible aprender a salir de su zona de confort.

Salir de su zona de confort significa perseguir aquellas cosas que lo hacen sentir incómodo o no, pero que también son importantes para su éxito. Pero cuando haya hecho esas cosas, la próxima vez será mucho más fácil. Esto se debe a que los límites de su zona de confort ahora han aumentado. En el momento en que sale de su zona de confort, está dando un paso hacia su éxito.

Estaban Demasiado Preocupados por Ellos Mismos

Sí, debe preocuparse por cómo le va, pero su negocio de mercadeo en red no solo se trata de usted. También involucra a otros. Si desea alcanzar sus metas y hacer realidad sus sueños, también debe aprender a ayudar a otros en su equipo a alcanzar sus metas. Debe quitarse los ojos de encima, pero no sus objetivos. Necesita tener una cosa en mente. Cuando está ayudando a las personas en su línea descendente, en realidad se está ayudando a si mismo. Esto se debe a que cuando los entrena para atraer más prospectos, aumentará sus comisiones.

Dejan que las Influencias Negativas les Afecten

Otra razón común por la cual las personas fracasan en su esfuerzo de mercadeo en red es porque dejan que las influencias negativas nublen sus mentes. Si alguien en su círculo, ya sea su familia o sus asociados, tiene alguna influencia negativa sobre usted, entonces debe lidiar con eso antes de que lo arruine por completo. Debe tratar de distanciarse de todos esos tipos de negatividad en su vida. Una parte muy importante de tener éxito es mantener la actitud positiva que tiene hacia la vida. Pero cada vez que se exponga a personas negativas, lo negativo engendrará negativo. Pero no estoy diciendo que no los volverá a ver nunca más. Puede encontrase con ellos solo cuando sea necesario y no en otros lugares.

Conclusión

¡Gracias por llegar hasta el final de *Red y Marketing Multi-Nivel Pro¡La Mejor Guía de Redes/Mercadeo Multi-Nivel para Construir un Negocio Exitoso de MLM en los Medios Sociales con Facebook! ¡Aprende los Secretos que los Líderes Usan Hoy en Día!* Esperemos que sea informativo y que pueda proporcionarle todas las herramientas que necesita para alcanzar sus objetivos, sean los que sean.

Si desea tener éxito en una empresa, debe ser persistente y centrado, y lo mismo ocurre con el mercadeo en red. Este libro trata todos los aspectos básicos que necesita saber sobre el MLM y he tratado de hacerlo exhaustivo para que leer este libro le brinde una idea general sobre lo que se avecina. Debe practicar la perseverancia y también debe mantener una actitud adecuada hacia su negocio por encima de todo lo demás. También necesita tener una mentalidad de aprendizaje porque sin eso nunca podrá lograr el éxito.

Tiene que impulsar sus esfuerzos con su sueño o su objetivo final. Si no tiene la cantidad adecuada de motivación, superar todas las barreras y luchas que se presenten puede ser difícil. Cada capítulo de este libro tiene como objetivo abordar las cosas comunes que enfrenta un principiante en el mundo del mercadeo en red. Traté de responder todas las preguntas que podrían surgir en su mente. Dado que este es un negocio de persona a persona, trabajar en tener la actitud correcta debería ser su primera prioridad. Tenga confianza y siempre crea que puede hacerlo.

Finalmente, si encuentra este libro útil de alguna manera, ¡siempre se agradece una crítica honesta!

www.ingramcontent.com/pod-product-compliance
Lightning Source LLC
Chambersburg PA
CBHW071458210326
41597CB00018B/2603